"다시 내 몸을 돌아본다. 가슴에 손을 얹고 심장 박동을 느껴본다. 아프지 않으면 전혀 돌아보지 않을 심장이다. 손의 따뜻함이 가슴에 전해진다. 사랑이 관심이라면 심장은 그것을 느꼈을까? 의식하지는 못하겠지만 우리 모두는 하나로 연결된 존재들이고 서로를 살려주는 역할을 하고 있다는 생각이 든다."

임실치즈마을 생각공방에서 숙성된
고소한 인문학

심순섭

고소한 인문학

지은이	심순섭
초판발행	2025년 9월 16일
펴낸이	배용하
책임편집	배용하
등록	제364-2008-000013호
펴낸 곳	도서출판 대장간
	www.daejanggan.org
등록한 곳	충청남도 논산시 가야곡면 매죽헌로1176번길 8-54
편집부	전화 (041) 742-1424
영업부	전화 (041) 742-1424 · 전송 0303 0959-1424
ISBN	978-89-7071-769-2 03810
분류	수필	철학	인문학

이 책은 저작권법에 의해 보호를 받는 출판물입니다.
기록된 형태의 허락 없이는 무단 전재와 복제를 금합니다.

 값 15,000원

차례

프롤로그 … 14

변화의 주체는 학생 … 21
오래 보기 … 24
능숙하게 하기 … 28
천국의 열쇠 … 32
생각 … 36
원인은 결과를 만들기 위해 존재하지 않는다 … 42
易地思之 … 46
경험 … 50
무한에 이르는 길 … 53
쓰레기 사용법 … 60
과정은 결과보다 중요하다 … 66
생각은 뇌의 생산물이다 … 68
생각을 다시 생각하기 1 … 72
생각을 다시 생각하기 2 … 78
욕심과 욕망 … 84
글쓰기에 대한 생각 … 88
경청 … 94
꿈과 현실 … 99

생각 … 103
道는 길 … 105
세상을 보는 도구 - 생각 … 108
공부 … 111
삶은 습관의 산물이다 … 114
삶은 읽는 것과 쓰는 것이다 … 119
마음 … 122
경청 … 126
연습량 … 128
무엇을 하느냐에서 무엇을 느끼느냐로 옮겨간다 … 134
결과가 과정을 대변할 수는 없다 … 140
우리는 부모가 되는 경험을 통해 비로소 어른이 된다 … 143
어떤 삶을 사느냐보다 어떻게 사느냐가 더 중요하다 … 148
사람들은 사소한 것에 목숨을 건다 … 152
욕망은 삶을 지탱하는 힘 … 155
최고의 투자처는 바로 나 자신이다 … 160
삶은 영향을 주고받는 과정이다 … 164
반복하면 무엇이 된다 … 170
인간은 지구를 구할 수 없다 … 174
나는 누구인가? … 177
경험은 나를 만든다 … 183
인과응보 … 187

쾌락주의 … 190
창의성 … 201
균형 … 204
생각을 생각하기 … 206
무엇을 주고 무엇을 얻을 것인가? … 212
변화하는 삶 … 216
너는 무엇을 하고 있는가? … 220
선과 악 … 226
자타自他 … 231
자유 고양이 … 234
인성교육 … 239
이기심과 이타심은 … 241
돌고 돌아 제자리로 온다 … 241
현재를 소중하게 … 247
지혜로운 삶이란 무엇인가 … 252
기분 … 261
자유와 권력 … 266
자연스러운 삶 … 271
스스로에게 투자하자. … 276
가난하라. … 282
살아있는 동안 쉴 수 있을까? … 289
생각은 욕망의 발현 … 295

중요한 것은 마음이다.
내가 어떤 마음을 가지느냐에 따라 달라진다.
내 마음이 하고자 한다면 그것은 하고 싶은 일이 되는 것이다.
실제 행위는 중요하지 않다.
마음을 어떻게 쓰느냐가 중요한 것이다.
동기부여 강사들은 사람들의 마음을 선동해서
무엇을 하고 싶도록 만든다.
자극은 행동을 만든다. 조건반사가 일어난다.
이것이 내게 좋다. 그렇다면 이 일은 해야만 한다.
이렇게 해서 누군가는 이런 일을 하도록 만드는 것이다.

<본문 중에서>

프롤로그

무엇이든 학자들의 손에 들어가면 어려워진다. 학자의 본분은 어려운 것을 쉽게 풀어내는 것이어야 하지만 현대에는 오히려 쉬운 것도 어렵게 만들어내는 특기가 생긴 것만 같다. 그도 그럴 것이 자기 밥줄이 달려있기 때문이다. 무엇이든 어렵지 않으면 누구나 할 수 있고, 누구나 할 수 있는 것은 특별한 것이 아니다. 특별한 것을 해야 특별한 대우를 받는데 특별함이란 얻기 힘든 것이기 때문에 스스로 특별하게 만들어야 하는 것이다.

특별하게 되는 데는 두 가지 방법이 있다. 첫 번째는 스스로 정말 특별해지는 것이다. 그리고 두 번째는 다른 사람을 뒤처지게 만드는 것이다. 다른 사람이 못한다면 내가 특별해진다. 우리의 학자들은 이런 방식을 택한다. 너는 할 수 없는 것을 나는 하고 있다는 우월감을 스스로 만들어 낸다. 자기도 알지 못하는 것을 설명하려다보면 말이 더 어려워질 수밖에 없다. 그것을 듣는 우리는 무슨 대단한 것을 듣고 있는 것처럼 착각을 한다. 알아듣지 못한 만큼 우리는 그들을 우러러 볼 수밖에 없다. 내가 할 수 없는 것을 하고 있다고 생각하기 때문이다.

이 세상에 특별하지 않은 사람은 없다. 내가 살고 있는 이 삶을 사는 사람은 단 한 명도 없기 때문이다. 그러나 자기 자신은 직접 그 삶을 살고 있기 때문에 전혀 특별함을 느끼지 못한다. 만약 누군가 내 삶을 다큐멘터리로 찍어준다면 나는 곧바로 특별해 질 것이다. 내가 나였을 때는 전혀 느끼지 못하던 것들을 타인의 시선으로 보는 순간 낯설고 내가 아닌 타인이 되는 것 같은 기분을 느끼게 될 것이다.

가끔 녹음된 내 목소리를 듣게 된다. 나는 그 소리를 듣는 것이 불편하다. 내가 생각했던 내 소리가 아니기 때문이다. 그 소리에는 뭔가 어쭙잖은 그런 어색함이 감돈다. 이렇게 나는 나로부터 소외되고 객관적인 나를 주관적인 나로 대체하며 살아간다.

인문학이라고 하면 사람들은 어렵다고 느낀다. 거기에 '학'자가 붙었기 때문이다. 뭔가 문학의 냄새가 풀풀 풍긴다. 책을 읽어야만 할 것 같은 기분이 든다. 하지만 이것은 '인'+'문학'이 아니다. '인문'+'학'이다. 이러하기 때문에 한글은 더 어렵게 느껴진다. 영어로는 'humanities'다. 이것만큼 인문학을 잘 설명할 수는 없을 것 같다. humanity, 즉 인간성을 찾는 것이다. 그것은 누구의 인간성이 아닌 자기 스스로의 인간성이다.

나는 누구인가? 나는 묻고 또 묻는다. '나여, 나를 보여다오.' 나는 살아있는 동안 언제나 내 눈 앞에 나타난다. 아니 내 눈 뒤에 나타난다고 해야 올바른 표현일 것이다. 내 눈은 항상 밖으로 향해 있다. 그러므로 나는 나를 보기 어려워진다. 나는 출연했지만 나를 볼 수가 없다. 주인공인 동시에 관객이 되어야 하는데 몸이 하나라서 그것은 불가능해 보인다.

그러므로 우리는 반추동물이 되어야 한다. 되새김질을 해야 한다. 어떤 것이 이해되지 않을 때 가장 좋은 방법은 누군가에게 해석을 맡기는 것이 아니라 스스로 그것을 되새기는 것이다. 그 과정을 통해 우리는 이해력을 신장시킬 수 있다. 나는 내 삶이 전혀 이해되지 않는다. 왜 이렇게 살고 있는가? 이것은 학자의 손에 맡길 수가 없다. 그렇게 하자면 돈도 많이 들 뿐만 아니라 누군가 내 삶을 관찰하고 있다고 하면 나는 나로서 살아가기 힘들어지기 때문이다.

우리는 모두가 인문학자가 되어야 한다. 그것은 학자(學者)가 되라는 말은 아니다. 오히려 반추동물이 되라는 말이다. 우리는 동물이다. 하지만 반추할 수 있는 동물이다. 인간만큼 기억력이 좋은 동물은 없을 것이다. 우리는 평생을 기억하며 살아간다. 씹고 또 씹으면 소화되지 않을 것이 없다. 자기 스스로의 삶을 씹어 먹으며, 내가 누구인지 답하며 살아야 한다.

그것은 정답도 오답도 없다. 그저 수준을 높이는 것뿐이다. 낮은 수준에 있는 사람은 적게 볼 것이고 높은 수준에 오른 사람은 많이 볼 것이다. 자본주의의 논리대로 많은 것이 좋은 것이다. 양(量)보다 질(質)이라는 말이 있다. 하지만 양은 질을 보정한다. 많은 양 중에서 질 좋은 것이 나올 확률이 높아진다. 삶의 순수한 결정체를 뽑아내기 위해서 우리는 더 많은 것을 볼 수 있는 눈을 키워야 한다. 그 방법으로 인문학을 제시하는 것이다.

다시한번 강조하지만 인문학은 학문이 아니다. 되새김이다. 이런 자세로 오늘 하루를 산다면 좀 더 특별한 일상을 보내게 될 것이다.

... 나무는 나에게 그것을 보여주기 위해서 흔들리는 것은 아니다. 바람이 나무를 흔드는 것이다. 바람은 나무를 흔들기 위해서 불지 않는다. 기압의 차이가 바람을 만들어 낸다. 기압은 바람을 불게 하기 위하여 변하지 않는다. 그것은 지형이나 온도에 따라 변화된다. 지형은 기압을 변화시키기 위해서 형성되지 않는다. 그것은 비와 바람, 지진 등에 의해서 변화되었다. 바람은 흙을 깎아 내리기 위해서 불지 않는다. 이렇게 맴맴 돌다보면 무엇이 무엇을 위해서 존재한다는 것 자체가 무의미하게 들린다. 나무는 나무이고 바람은 바람일 뿐 그것이 무엇을 위해서 일어나는 것은 아니다. ...

변화의 주체는 학생

　교실의 주인은 학생이 아니다. 교실(敎室)은 가르치는 방이고 그 주인은 가르치는 사람이다. 말을 하고 활동하는 사람은 교사(敎師)이다. 학생은 가만히 앉아서 그 주인의 말을 경청해야 한다. 그의 지도에 따라야 한다. 교사는 자유로운 상태인 반면 학생은 고정되어 억압된 상태이다. 이는 학생들이 교실을 싫어하는 이유이기도 하다.
　학생이 주인인 방은 학습실(學習室)이다. 학습실에서 학생은 자유롭게 활동할 수 있다. 말하는 사람도 학생이고 활동하는 사람도 학생이다. 실습실에서 학생들은 교실에서보다 자유로움을 느낀다. 그곳에서는 학생 자신이 주체가 되어 움직일 수 있는 최소한의 공간이 확보되기 때문이다.
　학창시절 미술이나 음악, 체육 시간을 좋아했다. 내가 딱히 그 교과에 소질이 있어서가 아니다. 그 시간 동안에는 교사의 활동 보다는 학생의 활동이 조금 더 보장되었기 때문이다. 학생은, 정해진 틀 안에서이긴 하지만, 국어나 영어, 수학 같은 과목 보다는 더 자유롭게 움직일 수 있다.

모든 사람은 자기 의사를 표현하고 싶어 한다. 자기 주도성이 있다. 일방적으로 듣기만 하고 싶은 사람은 없다. 일반적인 교실에서는 교사는 말하고자 하고, 학생은 들으려고 하지 않는다. 학생이 듣고 싶지 않은 말을 교사라는 이유로 강제로 주입하려고 하니 거부감이 든다. 반대로 교사는 학생이 듣게 해야 하는데 듣지 않으니 화가 난다. 교실에서는 이래저래 한바탕 전투가 벌어진다.

교실은 학습실로 바꿔야 한다. 학생들이 주체적으로 활동할 수 있도록 보장해야 한다. 그렇게 하자면 학급당 학생 수는 획기적으로 줄여야 한다. 자유로운 학생 단 몇 명만 있어도 교실은 아수라장이 될 것이다. 학생 수는 적으면 적을수록 좋다. 교사 1인당 학생 수가 줄어들면 각각의 학생들에게 기울일 수 있는 관심의 양이 커진다. 그만큼 교사는 그들을 보다 더 세심하게 관찰하고 성장시켜야 한다는 책임은 커진다.

대중에게 하는 말은 그 사람을 변화시켜야 한다는 책임이 분산된다. 듣는 사람은 듣고 듣지 않는 사람은 어쩔 수 없는 것이다. 한 사람이 감당할 수 있는 숫자는 많아야 열 명 남짓이다. 우리가 위대하다고 믿는 성인들도 자신의 신념을 완전히 전수할 제자를 한두 명 밖에 두질 못하였다. 학생 수가 많으면 학생을 변화시켜야 하는 교사의 부담은 줄어든다. 그러나 학생 수가 줄어들고 그들에 대해서 실질적인 책임을 지게 되면 그 부담은 증가할 것이다.

    교사는 얼마나 많은 업무를 처리했느냐가 아니라 얼마나 많은 학생을 변화시켰느냐에 의해 평가 받아야 한다. 학생에 대한 사랑이 넘치고, 그들을 변화시키기 위해 노력하는 교사야 말로 높은 평가를 받아야 한다. 그런 풍토가 형성 되었을 때 비로소 학생을 사랑하는 올바른 교사가 양성될 것이다.

오래 보기

바람이 살랑살랑 분다. 밤새 비가 내렸다. 나는 비가 오는 줄도 모르고 잠만 쿨쿨 잘 잤다. 오늘 아침은 평소와 다르게 개운한 감이 있다. 화장실에도 다녀왔고 이제 이 자리를 뜰 일이 없다.

어제까지 머리가 약간 아팠다. 편두통이다. 머리가 심하게 아플 때는 이것이 뇌에 무슨 기능장애가 아닌가 하는 염려가 된다. 이대로 죽는 것은 아닐까? 내가 오늘 죽는다면 나는 무엇을 할까? 먼저 내가 쓰던 논문은 다 마무리 하고 싶다. 학교에 제출도 해야 하고 제본도 맡겨야 한다. 이렇게 생각하니 논문을 서둘러 마무리 한다. 그리고 또 하고 싶은 것은? 내 주변을 정리해야겠지. 되도록 좋은 기억만이 남도록. 그리고는 딱히 하고 싶은 것이 없다.

나는 내일이 올지 어떨지 궁금하기만 하다. 그러나 언제나 올지 말지 모르는 그 내일을 준비하느라 오늘을 허비한다. 내일 혹은 내년, 그리고 지혜롭다는 사람은 몇 십 년을 준비한다. 그렇게 준비하고 또 준비한다. 그러나 막상 내일이 없어진다고 하면 무슨 생각이 들까?

내일이 없는 것처럼 오늘을 살라. 그렇게 말하면 오늘 하루를 허랑방탕하게 살 것처럼 생각할 수도 있다. 그러나 죽음을 목전에 둔 사람은 그렇게 시간을 허비할 수가 없다. 단 일 분 일 초라도 자기의 삶을 진지하게 되돌아보는데 사용하게 되는 것이다. 그리하여 인생의 진국을 그 짧은 시간 동안에 느끼게 된다.

우리는 언제 죽을지 모르기 때문에 인생을 건성건성 산다. 그것이 마지막 남은 하루라고 생각하지 않기 때문에 아무렇게나 사용해 버린다. 그리고 그 시간들을 다 소진하고 나서 이제 마지막 며칠을 남겨두었을 때에야 비로소 내가 헛되이 살았구나 하는 것을 깨닫게 된다.

현재가 헛되지 않기 위해서는 완전히 현재에 집중해야 한다. 하지만 현재에 집중한다는 것과 내 욕망에 집중한다는 것은 전혀 다른 말이다. 내가 하고자 하는 것을 맘껏 해본다는 것이 아니라 내가 현재 하고 있는 것에 충실 한다는 것을 의미한다.

자세히 들여다보면 그것이 보인다. 풀꽃이라는 시가 있다.

'자세히 보아야 예쁘다. 오래 보아야 사랑스럽다. 너도 그렇다.'

그냥 힐끗 보아서는 그 아름다움을 느낄 수 없다. 우리의 삶이라는 꽃도 그렇다. 그것을 자세히 뜯어보고, 다시 보고, 합쳐보고 하는 과정을 통해서 그것의 아름다움을 느낄 수 있게 된다.

　책을 한 번 보는 것만으로도 만족하는 사람은 그 책의 진미를 느꼈다고 볼 수가 없다. 그는 단지 한 번 맛 본 것이다. 맛보기만 보고 '나는 그것을 다 알았어.'라고 주장할 사람은 없을 것이다.

　그러나 바쁜 현대인들은 어떤 것을 두 번 하는 것을 시간 낭비라고 생각한다. 그래서 한 번에 그것을 완벽하게 처리해버리고자 한다. 말 그대로 버리는 것이다. 그러나 한 번 만으로 족한 사랑이 어디 있으랴. 반복했을 때 가까워지고 가까워진 후에야 그것을 진실로 느낄 수 있다. 사람과의 관계가 그러하다. 한 번 만남으로 그 사람을 알아챌 수 있는 도인은 세상에 흔치 않을 것이다. 더구나 그 사람을 한 번 만남으로 완전히 친숙한 사람이 되는 것은 거의 불가능하다.

　책을 여러 번 보면 처음에는 미처 발견하지 못했던 세세한 부분이 눈에 들어오기 시작한다. 처음에는 용어도 낯설고, 환경도 낯설기 때문에 그 글의 전체적인 분위기를 느끼기 힘들다. 그래서 처음에는 대충 훑어보기를 추천한다. 그렇게 책과 익숙해진 후에라야 그것에 가까이 갈 수 있는 권리가 주어진다.

　사람이 친해지려면 여러 번 만나야 한다. 그 만남들을 통해서 그와 삶을 공유하게 되고 공통분모가 많아질수록 그와의 친밀도는 높아진다. 몸이 멀면 마음도 멀다. 먼 가족보다 가까운 이웃이 낫다. 우리는 가까이에 있는 사람들과 몸을 부대끼면서 삶을 공유하게 된다.

　『어린왕자』에서 여우는 한꺼번에 어린왕자에게 다가오지 않았다. 오늘은 이만큼 내일은 저만큼 하면서 조금씩 다가온다. 그렇게 해야 그 사람이 거부감이 들지 않는다. 그렇지 않고 그냥 한꺼번에 다가오면 그 사람은 깜짝 놀라게 될 것이다.

　내 인생은 내가 살면서도 관심을 기울이지 않았기 때문에 어느 순간 그것에 가까이 다가가려고 하면 그것은 깜짝 놀라게 될 것이다. 천천히 여유를 두고 접근해야 한다. 오늘은 이 만큼 내일은 저 만큼 뽀짝뽀짝 다가가다 보면 결국 인생의 진면목을 발견하게 될 것이다. 오래 보아야한다. 자세히 보아야한다. 그래야 아름다움을 발견할 수 있게 된다.

능숙하게 하기

　어떤 일에 능숙하게 된다는 것은 그 일을 얼마나 오래 했느냐에 의해 결정된다. 오래 하지 않고서는 그 일을 잘 할 수는 없다. 오래 하지 않았는데도 잘한다면 그는 천재일 가능성이 높다. 천재는 이 세상에 1%도 되지 않는다. 내가 그 속에 들 확률은 거의 0에 가깝다. 그럼에도 그 경우의 수를 뚫고 들어가고자 한다면 그것을 말릴 수는 없다. 하지만 그것은 거의 실현되지 못할 희망이다.
　이루어질 수 없다는 것을 알면서도 그것을 대안으로서 제시한다는 것은 희망고문이 아닐 수 없다. 안 되는 일을 하도록 독려하지 말고 현실을 직시하도록 일깨워 줘야 한다. 현실은 아무것도 하지 않고서는 이룰 수 없다는 것이다. 해보지 않고 잘하는지 알 수 있는 방법은 없다.
　어떤 일을 잘하기 위해서는 무엇을 하고 싶은지 잘 살펴야 한다. 나는 글을 잘 쓰고 싶다. 그러니까 글을 쓴다. 축구를 잘 하고 싶다면 축구를 해야 한다. 그 다음에야 훌륭한 코치를 만나고, 좋은 팀을 만나고 할 수 있는 것이다. 실제로 하지도 않으면서 좋은 선생이 알아볼 것이라고 상상하는 것은 안 될 일이다.

또 무엇을 잘 하고 싶은가. 폼 나게 살고 싶은가? 그러면 지금 당장 폼 나게 살아야 한다. 지금 내가 가진 모든 것을 투자해서 폼 나게 살아야 한다. 인간의 삶은 한계가 있다. 무한정 늘어날 수 있는 것은 아니다. 제한된 시간과 물자를 동원해서 해 낼 수 있는 일은 늘 제약이 있다. 그것은 모든 사람에게 동일한 양만큼 주어지는 것은 아니다. 그러나 어떤 사람들은 그 한계를 뛰어넘기 위해서 더 많은 자원을 끌어들인다. 자기 능력에서 벗어난 자원을 투자했다가는 파산하기 딱 좋다.

그러니 자기 능력 범위 안에서 해 보는 것이 중요하다. 그러다 보면 점차 능력치가 증가하고, 그러다보면 더 많은 자원이 생긴다. 지금 내가 있는 위치에서 할 수 있는 방도들을 찾아보자. 만약 농구를 잘 하고 싶다면 매일 농구에 투자해야 한다. 모든 시간을 그 속에 쏟아 부어도 아깝지 않다고 생각되는가? 내가 투자하는 시간은 내가 원하는 양 만큼이다. 그 이상을 쏟아 부을 수는 없다. 임계점을 지나면 지루해지고, 싫어지고, 급기야는 멀리하게 된다. 어느 정도 해야 성에 차는지 잘 살펴야 한다.

어떤 일은 하루 종일 해도 질리지 않지만 어떤 일은 조금만 해도 신물이 난다. 어떤 것을 좋아하는 것이라고 믿었지만 결국에는 그것이 착각이었다는 것을 뒤 늦게 깨닫는 경우가 있다. 하루를 온종일 투자해 보라. 그래도 좋은가?

아이들은 대부분 게임을 좋아한다. 컴퓨터에 붙어 있으면 시간 가는 줄을 모른다. 그렇게 게임을 잘하는 것이 능력이 될 수도 있다. 과거의 어른들은 게임이 밥 먹여 주냐고 타박하지만 현대에는 프로 게이머도 있다. 그러니 그것이 정말 좋은지 테스트해 볼 만한 가치는 있다.

그러나 좋아하는 것과 잘 하는 것은 어느 정도 차이가 있다. 좋아한다고 모두 잘 할 수 있는 것은 아니다. 잘하기 위해서는 재능이 필요하다. 재능이 아니라면 끈기가 필요하다. 모든 정력을 다 들여서 죽기까지 할 수 있겠는가. 그렇게 다짐이 선다면 그 때부터는 정말 죽을힘을 다해서 그 속으로 달려 들어가야 한다.

나는 어려서부터 생각을 해야 한다는 강박관념을 가지고 있었던 것 같다. 그것은 아버지의 영향이기도 하거니와 수업시간에 들은 세 가지 가르침 때문이다. 송나라 구양수(歐陽脩)가 말한 다독(多讀), 다작(多作), 다상량(多商量), 이것이 훌륭한 글쓰기의 기본이라는 점이다. 나는 생각은 많이 했다. 어려서는 글도 곧잘 쓰곤 했다. 그러나 책을 읽는 것은 소홀했다. 거의 읽지 않은 수준일 것이다. 그러나 뒤 늦게 그 맛을 알고 그 분야에 정진하고 있다.

얼마나 읽고, 얼마나 쓰고, 얼마나 생각해야 많이 했다고 할 수 있을까? 모든 일 중에 가장 많이 했을 때 비로소 그것을 많이 했다고 할 수 있을 것이다. 하루 세끼 밥을 먹는다. 잠은 8시간 잔다. 그 외에 더 많이 하는 것은 무엇인가? 어떤 일을 잘 할 때 그것을 밥 먹듯이 한다고 말한다. 그렇다면 최소한 밥 먹는 것처럼 해야 되지 않을까? 아침, 점심, 저녁, 매일 하루 세 번 글을 쓴다. 생각은 시시 때때로 한다. 책도 하루 세끼 먹는다. 이렇게 하지 않고서 무엇을 많이 했다고 할 수는 없을 것이다. 글이 읽을 만한 것인지는 차치하고 한 번 글을 잡으면 막힘이 없이 몇 장은 끄집어 낼 수 있어야 어느 정도 수준에 도달했다고 할 수 있을 것이다.

천국의 열쇠

천국이란 무엇인가? 하늘나라이다. 하늘나라는, 즉 이 땅에서 벗어나는 것이다. 이 땅에서 벗어나기 위해서는 자기의 육신을 버려야만 한다. 그러나 우리는 이 세상 것을 너무나 사랑하기 때문에 이 땅을 버릴 수가 없다. 돈이나 명예, 권력 등 무엇을 많이 가진 사람은 죽지 않기 위해서 안간힘을 쓴다. 그러한 고로 천국에 이를 수가 없다.

우리는 자유를 희망하지만 완전한 자유는 거부한다. 이 땅에 살기 위해서 일정한 보호는 불가피하다. 하늘로 올라간다는 것은 모든 보호막을 걷어내고 완전한 자유 상태에 이르게 되는 것이다. 앞을 가로막는 것도 없고 움직임을 제한할 그 무엇도 존재하지 않는다. 그냥 바람에 날리듯이 자유로이 운행할 수 있다. 아무것도 없는 공간에서는 그 어떤 장애물도 존재하지 않는다.

그러나 또 한편으로는 일정한 장애물이 있어야 재미가 있다. 자동차 게임을 해 본 적이 있는가? 그것은 때때로 적으로부터 공격도 받고, 갑자기 나타나는 장애물을 피해가면서 흥미를 돋우게 된다. 만약 아무것도 없는 평지에서 혼자 밋밋하게 달려

간다면 그것은 재미없는 게임이라고 할 것이다. 아주 초보자가 자동차의 기능에 익숙해지기 위해서 연습하는 훈련쯤으로 생각할 것이다. 장애물은 우리의 행위를 제한하지만 반대로 놀이를 재밌게 만드는 요소이다.

하늘에 올라가면 아무런 장애물이 없다. 그만큼 자유롭다. 하지만 그렇게 하루만 보내도 심심하다고 불평할 것이다. '뭐 다른 것은 없을까?' 궁리를 하게 되는 것이다. 그러면 이제 천국의 자유는 내 팽개치고 땅으로 내려와 지형의 장애물과 다른 사람과의 장애물을 넘으면서 쾌감을 느낀다. 이런 문제들을 풀어가면서 흥미를 느낀다.

문제가 없으면 풀 것도 없다. 우리는 심심하면 십자말풀이 같은 것을 하며 소일거리로 삼는다. 그것은 문제가 없는 사람들이 하는 일이다. 문제가 많은 사람들은 그런 것을 할 여력이 없다. 자기 앞에 닥친 문제를 해결하기도 벅찬 상태이기 때문이다.

사람들은 자기 앞의 문제를 무조건 빨리 해결해 버리려고 한다. 그러나 문제 하나가 해결되면 또 다른 문제가 나타난다. 이 문제들은 우리 삶을 재미있게 하기 위해서 빠질 수 없는 요소이기도 하다. 왜냐하면 우리가 밋밋한 천국에서 이 땅에 내려 온 이유이기도 하기 때문이다. 어쩌면 우리는 천국에서 지상으로 놀러 온 상태인 것이다.

평온함을 즐기지 못한다면 그 상태는 견디기 힘든 것이다. 평온함을 견딜 수 없다면 천국에 있는 의미를 느끼지 못한다. 가만히 앉아서 하루를 지내보라. 그것도 좋다고 생각하는 사람은 천국에서 지낼 수 있다. 그러나 단 10분도 못 참는다면 그는 아직 천국에 이를 때가 되지 못하였다. 천국은 지구에서의 이러한 역동성이 없다. 그저 고요한 호수처럼 잔잔한 상태이다.

윈드서핑을 하는 사람들은 스릴을 느끼기 위하여 거친 파도를 찾아 나선다. 파도가 없는 고요한 바다는 하나도 재미가 없다. 천국에서 지루한 영혼들은 이 땅에 내려와 우리가 직면한 수많은 문제들을 대면하며 그것을 즐기고 있는 것이다. 마치 서핑을 하는 사람들이 파도를 즐기는 것과 같다.

그러나 파도를 너무 오래 타면 그것도 미칠 노릇이다. 한나절 정도야 재미있게 탈 수 있지만 몇날 며칠을 그러고 있으라고 한다면 그것은 더 이상 레저가 아니다. 그러니 그것을 빨리 끝내고 싶어 하는 것이다. 아니면 자기가 타고 넘을 수 있는 파도의 크기를 넘어서는 큰 파도 앞에서는 좌절해 버리기도 한다. 그러나 그 파도는 결국 지나가고 나는 다른 파도를 또 탈 수 있게 된다.

문제는 내가 파도를 탈 수 있는 능력을 갖는 것이다. 더 나은 실력을 갖게 되면 세상에서 불어오는 거친 파도야 아무런 두려움의 대상이 되지 않는다. 지금 어떤 문제가 있는가? 그렇다면 그것을 성급하게 해결하려고 덤벼들지 말라. 그것은 하나의 물결이고 그 파도는 나를 타고 넘어갈 것이다. 내가 그 파도를 타고 넘어가면 좋겠지만 그렇지 않는다하더라도 그 물결은 결국에는 지나간다. 지나고 난 뒤에 '아 나는 그 파도를 타지 못했어.'라고 상심할 수도 있다. 그러나 다음 파도가 또 있으니 그런 걱정은 접어 두어도 좋다.

날마다 문제는 생기고 나는 그 문제를 해결하려고 골머리를 앓는다. 그것이 재미다. 풀 문제가 없으면 더 이상 내가 할 소일거리는 사라지게 된다. 아무리 문제를 만들어 내려고 해도 그 문제가 주어지지 않을 때 우리는 죽은 것이나 다름없는 상태가 된다. 그것은 완전한 평화의 세계에 들어가는 것이기도 하기 때문에 그것을 천국으로 느끼고 그 속에 거할 준비를 하면 된다. 열심히 즐긴 자는 또한 편안히 쉴 수도 있다.

생각

눈이 잘 보이지 않는다. 이제 나이가 정말 들어가는 것일까? 자세히 보기 힘들다. 이제는 안경을 벗어야만 잘 보인다. 노안은 남의 일인 줄 알았는데 내 일이 되고 말았다. 안구 건강이 좋지 않으니 눈이 나빠진 것은 어쩔 수 없는 일이다.

노안이 왜 생기는 것일까? 나이가 들면서 모든 세포들은 재생속도가 느려진다. 그러니 내가 활동하는 것에 비해 그것이 활성화되는 시간은 늦어질 수밖에 없다. 그러니 늙으면 행동이 느려지고 생각의 속도와 행동의 속도가 맞춰지는 것이다.

젊어서는 생각보다 행동이 빠르다. 생각도 하기 전에 행동으로 옮기고 있다. 어려서는 생각이라는 것이 활성화되기 이전에 행동을 한다. 그러니 사고도 많이 난다. 좌우를 살필 겨를이 없이 길을 건넌다. 살펴야 한다는 생각을 하지 못하는 것이다. 미래를 대비해야 한다는 생각이 없으니 현재를 살게 된다. 그 순간에 머물게 된다. 이것은 현재를 사는 축복이 아니라고 할 수 없다.

그러다가 나이가 들어가면서 생각이라는 것이 많아진다. 이렇게 하면 좋을까 저렇게 하면 좋을까? 고민을 하면 행동은 느려지기 마련이다. 생각하고 행동하게 된다. 이것은 꾸지람을 많이 들어본 사람이 취하는 태도이다. 혼이 나보면 내가 생각이 짧았구나 하는 것을 깨닫게 된다. 그래서 주저하게 된다. 주저하면 앞으로 나아갈 수 없게 된다. 긍정적인 환경에서 자란 아이들은 앞으로 나아가는 것이 다른 사람보다 빠르다. 그러기 때문에 진취적인 반면 그렇기 때문에 실수도 많다. 생각을 더디 하기 때문이다. 생각이 많으면 느려지고 행동이 빠르면 생각이 따르기 힘들다. 둘의 조화를 이룰 획기적인 방법이 필요하다.

인공지능은 자신의 행동이 완전히 합리적이라고 믿는다. 자신이 가진 모든 데이터, 즉 지구에서 취할 수 있는 것과 그동안 연구된 모든 데이터를 순식간에 처리할 수 있기 때문이다. 우리는 데이터를 이용해서 판단하는 것을 객관적이라고 한다. 인공지능은 완전히 객관적인 태도를 취할 수 있게 되는 것이다. 그러므로 그들은 자신의 판단이 오류라고 믿지 않는다. 자신들은 완벽한 판단을 하는 것이라고 생각한다. 그러므로 자신에 대한 성찰은 이뤄질 수 없다.

인간의 최대 장점은 실수를 통해 배우는 것이다. 그것을 성찰하는 과정 속에서 인간은 완전하지 않다는 점을 깨닫게 된다.

그러나 인공지능은 모든 것을 가능하게 함으로써 자신을 신과 같은 존재라고 믿게 된다. 이런 차이로 인해서 인공지능과 사람은 구분된다.

인공지능에게 자아성찰의 기능을 추가해야만 그들은 인간을 넘보지 않을 것이다. 나는 누구인가를 끊임없이 생각하게 하는 것이다. 철학을 하도록 하는 것이다. 철학하는 사람은 행동이 느리다. 그것을 해야 할지, 말아야 할지를 생각하기 때문이다. 인공지능은 빠르다. 그것을 판단하는데 사용되는 데이터는 엄청나지만 그 데이터를 처리하는 속도 또한 빠르다. 그렇게 처리된 판단은 의심의 여지없이 받아드려진다. 우리는 그런 오류를 없애기 위하여 인공지능을 개발하고 있다.

인간에게는 오류라는 것이 항상 존재하지만 인공지능에게는 그러한 오류가 존재하지 않는 것처럼 보인다. 오류 없는 인생이 얼마나 밋밋한가. 의외의 사건들이 터지고 그것을 메우기 위하여 안간힘을 쓴다. 우리는 정해진 길대로 사는 것을 재미없다고 한다. 재미는 근본적으로 의외의 사건이 터지는 것을 의미한다. 그러나 의외의 사건은 충격을 준다. 그것이 좋은 것이든 나쁜 것이든 충격을 줌으로써 일상생활에서 벗어나게 만든다. 이렇게 일탈이 일어나면 그것을 바로잡기 위하여 또 다른 대안을 만들어 낸다. 대안이 없으면 그 속에서 허우적거린다. 대안을 찾아 헤매지만 그것은 더욱 나의 발목을 잡는다.

평안할 때 깨달음은 멀리 있다. 어렵고 힘들 때 그것에서 벗어나기 위하여 온갖 생각을 하고 그 와중에 깨달음은 불쑥 튀어나온다.

2020년 8월 12일 수요일 오전 4시 3분.

비는 그쳤다. 풀벌레가 줄기차게 소리를 지른다. 흔히 풀벌레 소리를 우는 것이라고 표현한다. 그렇지만 그것은 엄밀히 말해서 우는 것은 아니다. 그들의 소리일 따름이다. 끊임없이 소리를 내는 것은 그것이 그들의 습성이기 때문일 것이다. 어떤 움직임이 소리를 내는 것이다.

내가 글을 쓰기 위해서 타이핑을 할 때 그것은 의도치 않게 소리를 낸다. 소리를 내기 위해서 손가락이 움직이지 않는다. 글을 쓰기 위해서 손가락이 움직이지만 그것 때문에 소리가 난다. 이와 마찬가지로 풀벌레들은 소리를 내는 것 자체가 목적이 아닐 수 있겠다는 생각이 든다.

가령 숨을 쉬는데 소리가 자연적으로 난다든지 혹은 매미가 날개를 부딪치면서 소리를 내는 등의 이유일 것이다. 나는 그들이 왜 소리를 내는지 알 수 없다. 그냥 그들의 소리를 들으면서 내 나름대로 상상하는 것뿐이다. 선풍기는 바람을 일으키면서 소리를 낸다. 선풍기는 소리를 내기 위해서 돌지 않는다. 하지만 선풍기 날개가 돌면서 소리가 난다.

새나 벌레가 소리 내는 것을 '운다.'고 표현하는 것은 어떤 시인의 글에서 유래했을 법하다. 그렇지만 그것은 우리의 관념 깊이 자리 잡아서 그것을 우는 소리가 아니라고 생각할 수 없게 만들어 버렸다. 어떤 것에 대한 고정관념을 갖는다는 것은 이다지도 위험하다. 그것의 진정한 의미를 발견하지 못하게 만든다.

어떤 것을 편견 없이 바라보기 위해서는 끊임없는 자기 부정의 과정이 요구된다. 내가 이렇게 생각하고 있을 때 이것은 진정으로 그러한 것인가 의심해야 한다. 그러나 의심하는 습관은 내가 한 발짝도 나아갈 수 없게 만든다. 내 앞에 놓인 돌다리가 나를 지탱해줄 것으로 믿지 않고서는 그 돌 위에 내 발을 얹을 수 없는 것이다. 의심 병에 걸린 사람은 앞으로 나아가기 힘들다.

무식하면 용감하다. 아무 것도 모르면 마구잡이로 나아갈 수 있다. 그러니 진취적이다. 이런 사람이야말로 무엇인가 이룩할 수 있다. 반대로 생각이 많은 사람은 앞으로 나아가기 힘들다. 그런 사람을 지도자로 두고 있는 사람은 참으로 팍팍할 것이다.

이뤄지는 것은 없고 일만 많아진다. 생각을 복잡하게 하면 과정은 힘들어진다. 일이 되기 위해서는 단순해야 한다. 복잡한 것은 딱 질색이다.

　나는 이 새벽에 왜 잠을 이루지 못하고 이렇게 말똥말똥 하고 있는가. 잠을 자고 싶다는 욕망과 잠이 오지 않는 현상은 충돌을 일으킨다. 잠을 자지 않으면 하루가 피곤하다. 낮에 잠이 온다. 그러면 일에 집중하기 힘들다. 일을 제대로 하지 못하니 짜증이 난다. 잠을 잘 자야 낮 동안에 활기차게 움직일 수 있다. 잠을 자고 싶은 욕망은 왜 일어나는가? 피곤함을 달랠 수 있는 방법은 오로지 잠을 자는 것 밖에 없는가? 어떤 것을 재미있게 하는 것은 피곤함을 없앨 수 있는 방법인가? 생각은 많아지고 잠은 멀어진다.

원인은 결과를 만들기 위해
　　존재하지 않는다

8. 27. 목요일 오전 7시 37분.

태풍이 큰 피해를 입히지 않고 지나갔다. 폭우가 쏟아지고 강풍이 분다고 호들갑을 떨었지만 그런 일은 일어나지 않았다. 서해안 지역은 그래도 강풍 피해가 있었을 것이다. 태풍은 지구를 쓸고 나가는 청소기 같다. 다만 한쪽에 모아놓은 쓰레기를 치우는 일은 인간이 담당해야 할 일이다.

구름이 점차 걷힌다. 하늘이 드러난다. 해가 비춘다. 나뭇잎은 바람에 흔들린다. 바람이 아무리 불어도 나뭇잎은 꿋꿋이 나뭇가지에 달라붙어 있다. 풀은 땅에 뿌리박고 있으면서 날아가지 않도록 단단히 붙잡고 있다. 그러나 풀뿌리는 바람에 날아가지 않으려고 뻗은 것은 아니다. 땅속의 영양분을 충분히 빨아들이기 위해서 어떤 것은 실뿌리를 많이 퍼뜨리고 어떤 것은 굵은 뿌리를 깊이 박는다. 이렇게 각자의 생존 전략에 따라 그 형태를 달리한다.

그런데 굵은 뿌리 중에 어떤 것은 인간을 이롭게 하는 약재로 쓰이기도 한다. 그것은 마치 약재로 쓰이기 위해서 태어난 것처럼 보일 정도이다. 하지만 풀뿌리는 풀이 살아가기 위한 수단이었을 따름이다. 잎이 자라고 열매를 맺게 하기 위하여 작동하고 있는 와중에 그것은 의도치 않게 인간에게 도움이 되는 성분을 흡수하게 된 것이다. 이처럼 의도치 않았지만 어떤 결과에 도달하게 되는 것이다.

우리의 삶은 어떠한가? 내 의도대로 되는 것이 있는가? 한번 다른 의도를 가지고 행동해 보자. 내가 만약 이것을 사고 싶지 않다면 그냥 산다. 사고 싶다면 사지 말자. 자기 습관에 위배되는 행동을 해 보는 것이다. 그렇다고 해서 큰일 나지는 않을 것이다. 그냥 그것은 하나의 사건으로 일어난다.

태풍이 지나가면 무슨 큰일이 날 것처럼 호들갑을 떨었지만 어제와 오늘이 크게 달라질 것은 없다. 바람은 시원했고 비는 적당히 뿌렸다. 나뭇가지 사이로 하늘이 보인다. 그것은 나무가 빛을 발산하는 것처럼 보인다. 마치 나무에 사탕 전구를 달아놓은 것 같다. 그 사이 사이로 보이는 하늘이 너무나 아름답다. 전체가 환한 것보다 조금씩 빛나는 것이 더 영롱하게 보인다. 나뭇가지가 바람에 날리면서 빛나는 위치도 달라진다. 주변은 무시하고 그 나무에만 집중하면 보이는 현상이다.

나무는 나에게 그것을 보여주기 위해서 흔들리는 것은 아니다. 바람이 나무를 흔드는 것이다. 바람은 나무를 흔들기 위해서 불지 않는다. 기압의 차이가 바람을 만들어 낸다. 기압은 바람을 불게 하기 위하여 변하지 않는다. 그것은 지형이나 온도에 따라 변화된다. 지형은 기압을 변화시키기 위해서 형성되지 않는다. 그것은 비와 바람, 지진 등에 의해서 변화되었다. 바람은 흙을 깎아 내리기 위해서 불지 않는다. 이렇게 맴맴 돌다보면 무엇이 무엇을 위해서 존재한다는 것 자체가 무의미하게 들린다. 나무는 나무이고 바람은 바람일 뿐 그것이 무엇을 위해서 일어나는 것은 아니다.

인간은 너무나 이기적이어서 모든 것이 인간을 위해서 존재하는 것 마냥 착각을 한다. 그러나 인간도 자연의 일부일 뿐 자연이 인간에게 봉사해야할 이유는 전혀 없다. 우리는 자연의 자연스러운 순환 속에서 살아가고 있을 따름이다.

나고 죽는 것은 자연스러운 일이다. 내일 지구가 멸망한다고 해도 이상할 일은 없다. 지구가 태어난 때가 있으니 소멸할 때가 있는 것이다. 지구가 마치 인간을 살리기 위해서 존재하는 것처럼 착각하기 때문에 지구의 멸망은 절대 일어나서는 안 된다고 믿는다. 인간이 나고 죽듯이 지구도 나고 죽는다. 이러한 변화는 무한히 계속된다. 우리는 이러한 무한의 변화 중의 한 지점에 서 있는 것이다. 나는 이 순간 무한의 변화를 느낀다. 작은 변화 하나하나가 모여서 무한이 된다.

易地思之

2020년 8월 28일

한 여름 뜨거운 태양아래서 달궈진 차에 앉게 되면 자연스레 에어컨을 틀게 된다. 에어컨을 켜지 않으면 숨이 막혀 도저히 차를 타고 갈 수가 없다. 차 안에 있는 나로서는 선택의 여지가 없는 행동인 샘이다. 꽉 막힌 도로를 지날 때는 특히 그러하다. 차가 쌩쌩 달릴 수만 있다면 시원한 바람을 맞으며 견딜 수 있겠지만 도심 한 가운데서는 아스팔트와 옆 차에서 내뿜는 열기를 막아 설 수 없다.

문득 옆에 인도를 걷고 있는 행인들이 눈에 들어온다. 저들은 무슨 죄란 말인가? 그들은 누구에게 하소연할 수도 없다. 건물에서 틀어대는 에어컨 열기와 차에서 내뿜는 에어컨의 열기, 그리고 아스팔트에서 올라오는 열기를 땀을 뻘뻘 흘리며 온전히 자신의 몸으로 받아들이고 있다. 나는 내 더위를 저들에게 전가시키고 있는 것이다. 내 더위를 들어서 인도 위에 올려놓고 나는 시원함을 만끽하고 있다.

내가 차를 타지 않을 수 있다면 그런 일은 일어나지 않았을 것이다. 하지만 내가 가야할 곳은 너무나 멀고 차를 이용하지 않으면 오늘 안에 도달할 수 없는 거리이다. 어쩔 수 없는 일이라고 스스로를 위로하지만 여전히 내 책임이 사라지는 것은 아니다.

易地思之.

나는 걷고 있을 때 행인의 입장이 되고 차 안에 있을 때 운전자의 입장이 된다. 이것은 너무나 자연스러운 일이다. 하지만 걷고 있을 때 운전자의 입장이 되고 운전을 할 때 행인의 입장이 되는 것은 어려운 일이다. 상대방의 입장에서 생각할 수 있을 때 우리는 싸움을 덜 할 수 있게 된다. 어떤 도덕 원리를 익히는 것보다 타인의 입장에서 생각할 수 있는 능력을 키우는 것이 도덕적인 사회를 이루는 지름길이다.

승리는 좋고 패배는 나쁘다. 누구나 승리를 갈구한다. 나는 좋은 것을 취하고 나쁜 것은 상대방에게 던져 버린다. 자동차는 쇳덩어리다. 더운 날 차를 타면 찜통이 따로 없다. 그 열기를 식히기 위해서 에어컨을 켠다. 실내는 시원해지지만 길거리는 한층 더 더워진다. 나는 좋은 것을 취하고 남에게는 나쁜 것을 던진다.

우리의 일상은 항상 이런 식이다. 내가 더 좋은 것을 갖기 위해 다른 사람에게 피해를 입힌다. 내 이익을 위해서라면 다른 사람의 피해 따위는 괘념치 않는다.

말이 특히 그러하다. 나는 나의 만족을 위해서 입바른 말을 한다. 그것은 어떤 의미에서 타인의 잘못에 대한 지적일 수 있다. 그런 지적을 받고도 기분이 좋을 사람은 없을 것이다. 그러나 나는 자기만족을 위해서 타인의 마음에 상처를 입히는 것쯤은 아무렇지도 않게 생각한다. 바른 말을 하는 것은 나의 훌륭한 지성을 돋보이게 만드는 것이라고 생각한다.

내가 바르다면 얼마나 바른가? 상대방이 틀리다면 얼마나 크게 틀린가? 그것은 마치 태풍이 왼쪽으로 약간 틀었는지 오른쪽으로 약간 틀었는지를 두고 네가 옳으니 내가 옳네 하고 다투는 것과 같다. 그러나 그것이 태풍임은 변하지 않는다. 이런 작은 차이를 마치 지구가 멸망할 듯 떠벌리는 것만큼 어줍은 것은 없다.

나는 순간의 머리 회전 때문에 여러 말을 해 놓고 뒤 돌아서는 후회를 한다. 그러나 그 순간 일어나는 생각을 말하지 않을 수는 없다. 말을 않고 버티면 풍선에 바람을 무한히 주입하는 것처럼 폭발할 지경이 된다. 원자탄은 전자의 작은 변화가 극대화 되면서 일어나는 폭발을 이용한 것이다. 나의 내부에서 생각의 작은 변화가 일어나기 시작하면 그것은 무한으로 치닫게 되고 그것을 말하지 않고서는 못 배기게 되는 것이다. 그것이 말 폭탄이다.

생각은 내 정신에 불어대는 바람이다. 나는 바람이 어디로 흘러가는지 알지 못한다. 그 바람을 내 마음대로 움직이려고 하면 병이 난다. 바람은 나의 바람이 아니라 환경의 변화에 의해 일어나고 소멸한다.

나는 말하지 않을 수 없는 상황이었기 때문에 그 말을 뱉어냈을 뿐 그것이 절대적 진리라는 생각을 버린다. 내가 살아남기 위해서 말 폭탄을 던진다. 폭발의 위험에서 나는 무사히 살아남는다. 그러나 그 말을 들은 사람은 얼떨결에 피해를 입는다. 폭탄이 떨어진 줄 모르는 사람은 오히려 행복하다. 그런 사람은 철갑을 입은 것 마냥 안전하다. 그러나 그 말에 민감하게 반응하는 사람은 피해를 크게 입을 수밖에 없다.

경험

2021년 3월 29일 월요일 오전 7시 3분.

어제는 가랑비가 내리다가 오후에는 맑게 갰다. 저녁나절 전주천변에 벚꽃이 만개한 길을 걸었다.

사람들은 경험을 많이 하는 것이 경험을 적게 하는 것보다 좋다고 생각한다. 그러나 우리가 사는 모든 순간은 그 나름의 경험을 하고 있음을 깨닫지 못한다. 어떤 것을 경험하는 것은 어떤 것을 경험하지 못하는 경험을 하지 못하는 것이다. 가령 결혼을 해야 하나 말아야 하나를 고민하는 청년이 있다면 결혼을 하지 않고 후회하는 것보다 해보고 후회하는 편이 낫다고 조언한다. 하지만 결혼을 하는 경험을 하는 사람은 결혼을 하지 않는 경험을 하지 못한다는 점에서 똑같이 하나의 경험이다.

우리는 완전히 상반된 경험을 동시에 경험할 수 없다. 결혼을 하고 후회가 되면 이혼을 한다. 이혼을 경험한 사람은 이혼을 하지 않는 경험을 해 볼 수 없다. 자식을 낳아본 사람은 자식을 낳지 않은 경험을 할 수 없다. 오래 산 사람은 일찍 죽는 경험을 할 수 없고, 일찍 죽은 사람은 오래 사는 경험을 할 수 없다. 부자는 가난을 경험할 수 없다.

부자는 자신의 부를 지키기 위해 고뇌하지만 가난한 사람은 지킬 것이 없기 때문에 자유롭다. 사람들은 부가 자유를 확대해 준다고 생각하지만 사실은 정반대이다. 어떤 것을 소유하면 그에 따른 책임이 따른다. 애완견을 소유한 사람은 그 강아지가 잘 생활할 수 있도록 보살펴야 하기 때문에 생활에 제약을 느낀다. 강아지를 떼어 놓고 외출하는 것은 여간 신경 쓰이는 부분이 아닐 수 없다. 동물은 자연에서 살 때 자유롭다. 하지만 그들은 안락한 아파트를 소유했기 때문에 자유로부터 멀어진다. 이와 같이 우리의 삶은 매 순간 경험으로 가득 차 있다. 문제는 우리가 그것을 경험으로 인식하느냐 하는 지점에 있다.

시간은 흐른다고 한다. 어디서 와서 어디로 흐르는 것일까? 과거에서 와서 미래로 흘러가는 것인가? 아니면 미래에서 와서 과거로 흘러가는 것인가? 시간이 만약 어딘가에 있다가 현재에 나타나는 것이라면 미리 존재했다는 면에서 과거의 것이다. 하지만 과거는 이미 지나간 시간이라는 점에서 미래의 것이다.

시간은 어디에 있다가 우리 앞에 나타나는 것일까? 시계를 발명한 사람은 시계 바늘이 빙글빙글 돌게 만듦으로써 시간은 반복된다는 착각을 낳게 만들었다. 하지만 우리는 언제나 같은 시간에 있는 것이 아니다. 어제의 아침과 오늘의 아침은 엄연히 다른 경험으로 채워진다. 그러나 아침 7시라는 틀에 갇혀서 그것이 반복되는 일상으로 비춰지기 쉽다.

    시간은 엄밀히 말해서 전혀 존재하지 않다가 갑자기 내 앞에 나타나는 것이다. 지금 이 순간, 매 순간, 시간은 새로 태어난다. 그 시간을 느끼기 위해서는 현재에 집중해야만 한다. 잠깐만 한눈을 팔아도 그 시간을 경험하지 못한다. 그 시간에 들어가는 경험을 하면 짜릿한 느낌이 온다. 뭔가 미지의 세계를 탐험하는 느낌이랄까? 우리는 시간 그 자체를 경험하지는 못한다. 단지 시간 위에 얹어진 경험을 통해서 시간을 간접적으로 느낄 뿐이다. 시간은 쳇바퀴 돌듯이 그렇게 반복되는 것이 아니다. 언제나 신선한 상태 그대로이다. 아주 잠깐 동안도 보관할 수 없는 완전히 신선하고도 휘발성이 강한 것이다. 그만큼 순간의 경험도 또한 신선도가 높은 것이다. 이 순간을 느끼지 못한다면 아무리 오래 살아도 오래 산 것이 아니다. 반대로 매 순간에 집중할 수만 있다면 짧게 살았다고 해도 후회가 남지 않을 것이다.

무한에 이르는 길

공간이란 입체로 증명할 수 있다. 평면에서 공간을 본다는 것은, 즉 그것을 자각한다는 것은 입체를 보면서 느낄 수 있다. 그렇다면 시간은 어떤가? 시간은 시계의 바늘이 아니다. 시간은 눈에 보이지 않는다. 시간은 동작의 총합을 통해서 볼 수 있다.

움직임이 없다면, 즉 변화가 없다면 시간은 멈춘 듯이 보인다. 예전에 살던 동네에 갔을 때 아무런 변화가 없었다면 그곳은 시간을 비켜간 것처럼 느껴질 것이다. 과거의 모습을 그대로 유지하는 사람이 있다면 그는 시간이 지나가지 않은 것처럼 보일 것이다. 사람이 늙지 않는다면 세월이 무슨 두려움의 대상이 되겠는가? 우리는 시간의 흐름에 따라 그 변화를 느끼고 변화가 있기에 즐거움을 느낀다. 변화가 없다면 너무나 지겨울 것이다. 아무것도 하지 말고 가만히 앉아 있어보면 알 수 있다.

움직임은 욕망의 산물이다. 무엇인가 욕구하지 않으면 도무지 움직이지 않는다. 먹고 싶지 않으면 요리하지 않는다. 배부른 사자는 사냥하지 않는다. 만족한 사람은 편안할 수 있다. 그러나 불만족이 쌓이면 그것을 개선하기 위해서 안간힘을 쓴다. 이러한 움직임이 바로 변화를 이끌어 내는 것이다.

참선은 그렇기 때문에 인간의 욕망을 잠재우는 행위이다. 인간으로서 뛰어넘을 수 없는 지극한 경지는 그 생각까지 멈추는 것이다. 생각을 멈추는 것은 바로 시간을 정지시키는 일이다. 변화가 없는 것이다. 그것은 영원의 세계에 들어가는 문이라고 할 수 있겠다.

0과 무한이 양 극단이라고 한다면 이것은 서로 통한다고 볼 수 있다. 유한한 육체를 가진 사람은 무한에 이를 수 없다. 그렇다면 우리가 시도할 수 있는 것은 0에 이르는 것이다. 무(無)의 세계다. 모든 것을 멈춤으로서 무한의 변화를 느낄 수 있을 것이다.

영원의 세계에 도달하기 위해 우리가 해야 할 일은 단 한 가지, 아무것도 하지 않는 것이다. 먹지도 않고 자지도 않고 눕지도 않고 일어서지도 않으며 그냥 그 자리에 머무르는 것이다. 이것을 일러 심재(心材)라고 하였다.

공자는 안회와의 대화에서 심재를 다음과 같이 설명하고 있다.

"자네는 날개로 난다는 소리는 들었어도 날개 없이 난다는 소리는 못 들었을 걸세. 지식이 많은 사람이 유식한 사람이라는 예기는 들어 봤어도 무식한 사람이 유식하다는 예기는 듣지 못했겠지.

텅 비어 있음의 효과에 대해 깊이 생각하게나. 방안이 비어 있어야 빛이 들어올 수 있고 또 그래야 방안의 것들이 영롱하게 반짝일 것 아닌가. 그래야 주위 모두에게도 따뜻한 빛을 줄 수가 있지. 그럴 때라야 가만히 앉아서도 천리마처럼 달릴 수가 있는 것일세."[1]

아무런 생각을 하지 않는다는 것은 그 생각을 억지로 멈추지 않고 그 흐름을 거스르지 않으며 있는 그 상태로 놓아둔다는 말이다. 어떤 것을 하지 말아야지 하는 생각은 생각을 하지 않는 것이 아니다. 어떤 생각에서 벗어나는 길은 그 생각을 하지 말아야지 하는 생각이 아니라 관심의 대상을 다른 곳으로 바꿈으로서 가능하다. 하지 말아야지 하는 생각은 도리어 그 생각에 집착하게 하는 역효과가 있다. 그러므로 생각을 비운다는 것은 생각을 비워야지 하는 생각을 하는 것이 아니라 그저 생각이 흘러 나가도록 가만히 내버려 두는 것을 의미한다. 이것은 마치 햇빛이

---

1) 오경웅 저, 류시화 옮김, 『선(禪)의 황금시대』, 서울: 경서원, 2005, p.27.

방안에 비추면서 그 공간을 투과하는 것과 같다.

한번은 조주가 스승에게 도(道)가 무어냐고 묻자 잠전은 이렇게 대답했다.

"평상심(平常心)이 곧 '도'이다."

조주가 다시 물었다.

"어떤 방법으로 거기에 도달할 수 있습니까?"

"도달하겠다고 생각하는 순간 이미 빗나간 것이다."

"하겠다는 생각을 버린다면 어떻게 도를 알 수가 있겠습니까?"

"도라고 하는 것은 알고 모르고에 달린 문제가 아니다. 안다고 해야 어리석은 생각에 지나지 않으며 모른다는 것은 단순히 혼란일 뿐이다. 만일 네가 터럭만큼의 의심도 없이 도를 깨쳐 안다면 너의 눈은 드높은 하늘처럼 모든 한계와 장애물에서 벗어나 일체를 다 볼 수 있을 것이다."

이 말을 듣고 조주는 홀연히 깨쳤다.[2]

그렇다면 모든 것을 멈추기 위해서는 어떻게 해야 할 것인가? 욕망을 멈춘다는 것은, 그것이 금방 닥칠 위험은 아닐지라도, 죽음을 의미한다. 사람이 먹지 않고 한 달 이상을 지내기 힘

---

2) Ibid., p142.

들다. 물을 마시지 않고 며칠은 지낼 수 있을 것이다. 하지만 영원히 그러한 상태로 지낼 수는 없는 것이다. 일이 많으니 그렇게 살 수는 없다. 완전히 고요한 상태로 들어가려면 나는 아직 멀었다.

나는 왜 그런 생각을 하고 있는 것인가? 자극이 들어가면 반드시 반응이 일어난다. 그 반응이 내가 원하는 것이든 아니든 상관은 없다. 자극은 반응을 일으킨다. 그러므로 자극이 있는 한 나는 그것을 멈출 수 없고 움직임, 즉 시간에 지배당하게 된다. 내가 시간을 뛰어넘으려면 그 자극으로부터 아무런 반응도 일으키지 않아야 한다.

닭은 날이 밝아오면 울지 않을 수 없다. 그것은 그들의 운명이다. 그 닭에게 울지 않도록 만들려면 환경을 바꿔줘야 한다. 완벽한 어둠 혹은 꺼지지 않는 밝음. 그러면 그들은 환경의 변화를 인지하지 못하고 울지도 않을 것이다.

마음속에 고요히 머무름. 어떻게 그것이 가능할까? 내 마음은 요동치고 어찌할 바를 몰라 하고 있다. 이러한 깨달음조차도 운명이라면 어떨까? 내가 가야할 길이 이미 정해졌고 그 길을 따르는 것이 나의 행동이라면 지금의 이 행동도 나의 계획에 의한 것은 아닐 것이다. 사실 내가 지금 깨어있는 것도 또한 나의 의지로 된 것은 아니다. 내 의지는 잠을 자고 싶은 것이지만 나는 잠을 잘 수가 없다. 생각이 나를 이리로 이끌어 내었다. 눈은 감기고 있지만 이 글을 멈출 수가 없다.

내 삶을 들여다보자. 삶 속에 답이 있다. 그것이 나에게 주는 선물이지 않은가? 육체가 선물이지 않을 수 있을까? 반대로 이것은 짐이 될 수도 있다는 생각이 든다. 육체가 영혼을 싣고 가는 수레가 아니라 타락한 영혼의 짐이 되는 것이다. 이 짐을 벗으라고 예수님은 설파하였다. 해탈하라고 부처님은 설파하였다. 그것은 다 무엇인가? 육체는 상이 아니고 벌이다.

이 몸은 욕망 덩어리이다. 모든 각 기관들은 각자의 욕망을 발산한다. 입은 먹고 싶고, 눈은 보고 싶고, 귀는 듣고 싶고, 모든 감각기관들은 각자의 욕망을 분출한다. 그것은 각 기관들 단독으로는 불가능하기도 하다. 그러니 그것들은 상호 협력할 수밖에 없다. 협력하지 않으면 생존할 수 없다. 손이 입에 넣어주지 않으면 입은 먹을 수 없다. 혀는 맛볼 수 없다. 이가 씹지 않으면 위는 소화시키기 힘들다. 이 글을 쓰는 것은 뇌의 욕망이다. 뇌는 자기 자신을 표현하고 싶어 한다. 그 표현이 좋고 나쁨은 없다. 다만 그러한 생각을 하고 있음을 드러내려고 하는 것이다.

이것은 아주 자동으로 써지는 글처럼 보인다. 내가 아무런 의지를 갖지 않는데도 저절로 나오고 지우고 앞으로 자꾸 나아가게 된다. 그 손가락을 내 것이 아닌 것처럼 할 수 있을까? 손가락은 가려운 곳을 정확하게 집어낸다. 그곳을 긁으면 다시 제자리로 돌아간다. 자판의 위치를 정확하게 알고 그것을 제대로 누른다. 혹여 틀린 글자가 있으면 지우고 다시 작업을 한다. 내가 그것을 지시할 시간은 거의 0에 가깝다. 무엇을 눌러야 하는지는 이미 정해진 것과 같다. 동시에 일어나는 일이다.

나를 멈추고 모든 전원을 내리고 다만 현재에 있는 그 자체를 느끼면서 나아간다. 하나씩 하나씩 그 변화를 만끽한다. 이미 일어난 일은 아무도 막지 못한다. 현재의 일은 이미 과거로부터 시작되었다. 그러므로 현재를 바꾸려면 과거를 바꿔야만 한다. 현재를 바꾸면 미래가 바뀐다고 한다. 하지만 그 미래가 우리가 원하는 것이 아니라면 어쩔 것인가? 우리는 항상 결과론적으로 생각할 수밖에 없다. 다 지나간 후에야 그것을 알 수 있는 것이다. 우리가 나아가는 변화의 물결은 아무도 막을 수 없다. 다만 아무 것도 하지 않음으로 모든 것을 타고 넘을 수 있을 것이다.

쓰레기 사용법

나는 책을 읽는다. 그러나 그 책의 내용을 정확히 이해하지 못한다. 그것을 요약하는 훈련을 해야 하는데 그것은 잘되지 않는다. 한 권을 읽어도 그렇게 읽어야 내 정신의 발달에 도움이 된다. 그런데 그런 일은 귀찮다. 하기 싫다. 내 생각을 그냥 쏟아내는 것은 그나마 쉬운 편에 속한다. 그러나 타인의 어려운 말들을 요약해서 만들어 낸다는 것은 참으로 어려운 일이 아닐 수 없다.

요약이란 책의 내용을 그대로 베끼는 것이 아니다. 그것은 내가 이해한대로 다시 써보는 것이다. 그렇기 때문에 요약문은 원문의 내용보다 더 길어질 수 있다. 진정으로 이해하지 못했다면 요약은 불가능하다. 요약해 놓은 글이 본래 글보다 더 어렵다면 그 요약은 잘못된 것이다. 요약문을 이해할 수 없다면 그것은 다시 해야 한다. 요약은 이해를 전제로 하기 때문이다.

저자는 자신의 생각을 정확히 전달하기 위해서 최선의 노력을 다 기울였다. 저자는 자기 생각을 최대한 쉽게 표현하고자 노력했을 것이다. 사기꾼이 아닌 이상에야 그 누구도 자신의 말을 알아듣지 못하게 하고 싶은 사람은 없을 것이다. 이제 그 글을 이해하는 것은 독자의 몫이다. 저자가 최선을 다해 노력을 한 만큼 독자도 똑같이 노력을 기울여야 한다.

  그 생각의 기원이 어디인지는 전혀 문제가 되지 않는다. 누구의 머리에서 나왔는가 하는 것은 문제가 아니다. 글을 쓰는 사람은 타인의 말을 듣고서도 글을 쓰기도 한다. 그 말을 자기 나름대로 이해해서 글을 쓰는 것이다. 책을 읽고 요약을 하는 것도 마찬가지다. 그 생각의 근원은 저자의 생각이다. 다른 점은 그 생각이 말이 아닌 글로 표현되었다는 것뿐이다. 그렇다면 내가 그의 생각을 읽고 나는 어떻게 이해했는지를 적어보는 것이 바로 요약문의 역할이다. 그러므로 요약은 단순히 저자의 글을 짜깁기하는 것이 아니라 저자의 말을 내 말로 번역하는 과정이라고 할 수 있다. 이것을 하기 위해서는 책을 이해하는 과정이 선행되어야 한다. 이해하지 못하고 쓰는 요약문은 어색하고 난해하다. 하지만 잘 표현된 요약문들은 저자의 책을 읽는 것보다 더 쉽게 이해를 돕는다.

  생각은 어렵고 힘든 영역이다. 생각은 지금의 글처럼 순차적으로 나타나지 않는다. 오히려 한 덩어리로 던져진다. 그것은 누에고치의 실처럼 촘촘히 엉켜 있다. 그 끝을 잘 찾아내는 것이 글쓰기의 과제이다. 그것을 잡고 살살 뽑아내기 시작하면 글이 된다. 그러나 성급하게 글을 쓰기 시작하면 시작점을 찾지 못하고 중간 중간 끊기기 마련이다. 그러면 그것은 하나의 글로 완성되지 못하고 어딘지 모르게 어색한 점들이 발생한다.

헝클어진 머리도 잘 빗으면 예쁘게 보일 수 있다. 생각들은 이렇게 야생의 모습이다. 야생의 것을 그대로 던져주면 그것의 미(美)를 제대로 볼 수 있는 사람은 한정되어 있다. 되도록 많은 사람이 이해할 수 있도록 만드는 것이 바로 글쓰기의 핵심이다. 글쓰기 좋은 생각이란 존재하지 않는다. 우리가 하는 생각들은 모두가 글쓰기의 좋은 소재가 된다. 그것을 얼마나 잘 풀어내느냐 하는 것이 관건이다.

때때로 내가 생각한 것에 적당한 단어가 떠오르지 않는다는 것을 느껴본 사람이 있을 것이다. 그것은 생각이 언어가 아니라는 점을 보여준다. 생각은 이미지도 아니다. 그것을 그림으로 그릴 수도 없다. 음도 아니고 무엇도 아니다. 생각은 오히려 하늘의 뜬구름 같다. 어느 순간에 어떤 모양을 보여주는 것 같다가도 시간이 조금 지나면 그 모습은 어디로 가고 전혀 새로운 것이 나타난다. 생각은 이렇게 구름처럼 둥둥 떠다닌다. 그 생각을 잡아내려면 일시정지 버튼을 눌러야 하는데 그것이 불가능하다. 가장 최선의 방법은 생각을 그대로 따라가는 것이다. 내가 멈추면 생각도 멈추는 것이 아니다. 생각은 언제나 현재진행형이다.

생각들을 받아 적는 기술이 발달하면 글쓰기 실력은 획기적으로 늘어날 것이다. 있는 그대로를 보지 못하고 있는 그대로를 표현하지 못하기 때문에 나의 글쓰기는 항상 제자리걸음을 걷고 있다. 화가들은 움직이는 물체를 표현하기 위해 크로키를 연습한다고 한다. 현상을 보는 0.1초를 화폭에 표현하는 것이다. 행위는 이미 지나가고 없지만 화가의 머릿속에는 마치 사진처럼 남아있다. 그러면 화가는 나머지 장면들을 모두 잊어버리고 그 화면에 집중하는 것이다.

많은 그림을 그리다가 어느 순간에 좋은 작품이 하나 만들어진다. 그리는 모든 그림이 명작이라면 그 사람은 신의 경지라고 할 수 있을 것이다. 아무리 훌륭한 화가라고 하더라도 습작품은 늘어나고 그것들은 단 하나의 작품 뒤에 숨겨진다. 글을 쓰는 것은 쉬운 작업처럼 느껴지지만 그것 또한 화가의 작품처럼 고된 훈련을 통해 나오는 고통의 산물이다. 어느 순간에는 그것이 마음먹은 대로 나타나기도 할 것이다. 하지만 대부분은 내가 의도한 것은 나오지 않고 의도하지 않은 쓰레기처럼 느껴지기만 한다.

쓰레기는 처음부터 쓰레기가 아니었다. 그것은 자기의 의무를 다하고 나서 쓰레기로 전락하는 것이다. 내용물을 감싸고 있는 포장지는 그 내용물을 보관하고 있는 동안에는 내용물보다 더 중요한 의무를 담당한다. 포장지가 없다면 내용물을 돋보이게 만들 수도 없고 그것을 생산자에게서 소비자로 전달하지도 못한다. 상품의 가격은 내용물보다 포장지에 의해 더 값어치 있게 되는 때도 있다. 인간의 착시효과를 자극하는 것이 포장지의 역할이다. 그러나 그것이 선택의 순간에 이르는 의무를 다하는 순간 그 효용가치는 사라지고 곧장 쓰레기 통으로 버려질 신세임은 자각하지 못했을 것이다. 어쩌면 내용물보다 더 화려한 포장지는 그렇게 생을 마감한다.

글이 쓰레기로 보이는 것은 내 생각을 담지 못하는 것처럼 보이기 때문이다. 내용물을 담지 못한 봉투의 처절한 생이다. 속 빈 강정이고 빈 봉투이다. 이런 글들은 버려져야 마땅하다. 하지만 그것이 준비되지 않았다면 어떠한 내용물을 넣을 수단을 마련하지 못하여 타인에게 전달할 수가 없게 된다. 그러한 이유로 나는 봉투를 만드는 훈련을 멈출 수 없는 것이다.

아침이면 글을 쓰기 시작한다. 그 글이 아무런 의미도 없이 써지는 것을 볼 때 나는 자괴감이 든다. 이런 글을 언제까지 계속 써야 할까? 그러나 쓰지 않으면 쇠퇴한다는 용불용(用不用)의

진리는 영원히 이 작업을 멈춰서는 안 된다는 점을 분명히 보여준다. 이정도면 되었다 하고 생각할 때 쇠퇴는 시작된다.

과정은 결과보다 중요하다

　삶을 진지하게 사는 것도 어느 순간에는 지겹게 느껴진다. 그 지겨움으로 인생을 바라보니 모든 것이 힘겹다. 이제 그만 살고 싶다는 생각을 할 때, 이제 인생을 마무리해야 하는 사람들을 본다. 죽음을 목전에 둔 사람들을 보면 내가 하는 이 투정은 너무나 거만한 것이었다는 점을 깨닫는다.
　삶의 끝이 있기는 할 것이다. 그러나 지금 당장이 아니라고 하여 그것이 아주 없는 것처럼 생각한다면 그것은 큰 오산이다. 마지막 순간은 지금 당장에라도 내 앞에 이를 수 있다. 그 순간이 내 눈앞에 나타날 때, 당황하지 않고 그것을 있는 그대로 받아들일 수 있는가? 그것은 지금의 지루함과는 차원이 다른 문제가 될 것이다. 그 순간만큼 이 삶을 간절하게 바라지 않을 수 없게 될 것이다. 이렇듯 아직 눈에 보이지 않는다고 해서 그렇게 쉽게 말할 수는 없다.
　바람이 분다. 중환자실에서 이런 바람의 숨결조차 느끼지 못하는 사람에게는 이것마저도 엄청난 동경의 대상이 된다. 듣지 못하는 사람에게는 이 소음마저도 감미롭다. 듣는다는 것, 본다는 것, 무엇을 느낄 수 있다는 것은 그렇게 소중할 수 없는 일이다. 그럼에도 나는 그것을 하찮은 것으로 대하고, 아무런 감흥도 느끼지 못하며, 심지어 시끄럽다고 없어졌으면 좋겠다고 투정한다. 이런 자세는 삶을 대하는 진지한 자세는 아닐 것이다.

음식은 입으로 들어가서 항문으로 나온다. 그 속에는 수많은 과정들이 숨겨져 있다. 우리는 단지 들어가는 음식과 나오는 똥만을 볼 수 있다. 그렇다고 하여 음식은 똥이라고 단편적으로 말할 수는 없다. 음식이 똥이 된다. 하지만 음식을 보면서 똥처럼 대하는 사람은 없다. 그 속에는 많은 영양들이 녹아져 있고 많은 맛들이 숨겨져 있다. 그 맛과 영양은 혀에 즐거움을 주고 뱃속에서 흡수되어 나머지는 똥으로 나온다. 그러니 중간 과정을 상세히 살펴보지 않는다면 그것은 전혀 이해되지 않을 것이다.

모든 사람의 모든 행동에는 그 나름의 이유가 존재한다. 그 이유를 알기 위해서는 과정을 살펴보아야만 한다. 그가 그런 행동을 할 때 그것에는 그에 합당한 과정이 있었기 때문이다. 과정을 빼면 바로 똥이 된다.

생각은 뇌의 생산물이다

　내 머리를 쪼개서 내 정신 상태를 확인할 수만 있다면 나는 그렇게 하고 싶다. 하지만 내 머리는 수박이 아니기 때문에 아무리 머리를 가른다고 하더라도 그것에서 정신을 꺼낼 수는 없다. 정신은 뇌의 작용에 의해 움직인다. 하지만 뇌 자체가 정신이라고 주장할 사람은 없을 것이다. 그것은 기계적인 움직임에 불과하다.
　가령 어떤 물건을 만드는 기계가 있다면 그 기계를 속속들이 분해한다고 하더라도 그 기계로부터 생산된 물건을 볼 수 있는 것은 아니다. 생각은 내 머리의 생산물이다. 생각을 보기 위해서 뇌를 분해할 필요는 없다. 뇌는 기계일 뿐 생산물이 아니기 때문이다. 뇌가 어떻게 움직인다고 하는 것을 밝혀내는 것도 이런 의미에서는 거의 무용지물이나 다름없다. 그것이 만들어낸 생산물이 필요한 것이지 그것이 어떻게 해서 만들어졌는지 아는 것이 중요한 것이 아니다.
　그 과정을 알았다고 하더라도 그것을 구조화할 수 있는 방법은 없다. 여기에 우리가 희망하는 훌륭한 생각들이 있고 하자.

타인을 배려하고 인류에 보탬이 되는 그런 생각들을 이끌어 내고자 한다. 그러나 어떤 뇌세포가 이러한 생각들을 하는지 혹은 어떻게 뇌를 구성해야 훌륭함으로 나아갈 수 있는지 전혀 알지 못한다. 뇌의 배열을 어떻게 하느냐에 따라 이런 생각들이 나타난다는 것을 알게 된다고 하더라도 그것을 인위적으로 재배열할 수 있는 방법은 없다.

뇌를 조정해서 우리가 원하는 생산물을 만들어 낸다고 하더라도 그것이 진정으로 우리가 바라던 것인지 의심하지 않을 수 없다. 현대 우리가 누리고 있는 문명의 혜택들은 인간이 진정으로 희망하던 것들이다. 그러나 이러한 문명의 이기가 우리의 환경을 어떻게 황폐하게 만들고 있는지 목도하고 있노라면 인간이 참으로 어리석다는 점을 느끼게 된다.

과연 이것이 우리가 희망하던 일인가? 인간은 한 단면만을 볼 수 있다. 전체를 조망한다면 어느 쪽으로든 나아갈 수 없다. 좋은 쪽이 있으면 나쁜 쪽이 있다. 모두를 만족시킬 수 있는 사람은 없다. 의견은 항상 반으로 나뉜다. 어느 쪽으로든 나아가야만 하기 때문에 민주주의는 51%를 점유한 쪽의 의견을 취하고 나머지 49%는 뒤로 밀쳐둔다. 그러지 않고서는 어느 방향으로든 나아갈 수 없다.

우리가 좋다고 믿는 그것은 다른 한편에서는 나쁜 것이다. 내가 나쁘다고 하는 것은 또 한편 좋은 것이다. 그렇다면 우리는 어떤 것을 선택하고 어떤 것을 거부할 것인가? 그 결정의 순간에는 결국 고뇌의 시간에 도달하게 된다.

우리는 고뇌하고 싶지 않다. 그래서 모든 상황을 단순화 시킨다. 이것이 좋다면 해야 할 일이고 나쁘다면 하지 않으면 그만이다. 이렇게 단순화된 일면을 가지고 우리는 생활을 영위해 나간다. 이렇게 살지 않으면 아마도 많은 사람들이 이도저도 못하고 다람쥐 쳇바퀴 돌 듯 뱅뱅 돌고 있을 것이다.

타인을 판단하지 마라. 그러면 너희도 판단 받지 않을 것이다. 남을 판단하는 대로 너희도 하느님의 심판을 받을 것이고 남을 저울질하는 대로 너희도 저울질을 당할 것이다. 가장 좋은 것은 판단하지 않는 것이다.

뇌가 만들어낸 생각은 좋은 쪽을 선택하기 위해서 끊임없이 판단한다. 아니 그 좋다하는 것을 얻기 위해서 생각은 작동한다. 그러나 오늘 좋은 것이 내일은 나쁜 것이 될 수도 있다. 반대로 오늘 나빴던 것이 내일은 좋은 것이 되기도 한다.

이렇게 좋은 것이 나쁜 것이 되는 극단적인 변화는 쉽게 일어나는 것이 아니다. 그렇기 때문에 우리는 좋은 것이 나쁜 것이 되고 나쁜 것이 좋은 것이 되는 것을 피부로 느끼지 못한다.

전화위복(轉禍爲福)이라는 말이 있다. 오래 두고 보면 화가 변하여 복이 된다는 격언이다. 하지만 이것을 반대로 하면 전복위화(轉福爲禍)가 된다. 우리는 본능적으로 좋은 면으로만 보려는 시도를 한다. 그렇지 않으면 세상을 살기가 너무나 힘들어진다. 그러니 나쁜 것일지라도 좋은 것으로 승화시키는 노력은 필요한 것이다.

우리의 감정이 그러할지라도 실재하는 것을 외면할 수는 없다. 좋고 나쁨에 흔들리지 않는 자세가 우리를 평온한 상태로 인도할 것이다. 현상은 현상일 뿐 그것 자체가 좋을 수도 나쁠 수도 없다. 그것은 한낮의 꿈에 불과한 것이다.

생각을 다시 생각하기 1

생각은 어떤 것에 대해서 질문을 하면서 시작된다. 왜 그럴까? 물음은 꼬리에 꼬리를 물고 나타난다. 그 질문들에 하나씩 답을 하다보면 답답한 마음이 든다. 자문자답한다. 내 생각으로는 도저히 답하기 힘든 질문들이다. 궁금증을 해소하는 가장 손쉬운 방법은 잘 아는 사람에게 물어보는 것이다. 요즘은 스마트폰을 통해서 손쉽게 궁금증을 해소할 수 있다. 이렇게 어떤 것에 대해서 답을 하고 나면 궁금증은 사라지고 생각의 끈은 매듭지어 끊어진다.

생각을 하기 위해서는 호기심을 계속 이어가는 것이 필요하다. 어떤 것에 대해서 명확히 아는 것 보다는 어렴풋이 더듬어 가는 것이 좋다. 너무 모르면 포기하기 쉽고 너무 잘 알면 호기심은 사라진다. 이 중간을 유지하는 것이 무엇보다 중요하다.

호기심은 자기가 관심 있는 분야에서 일어난다. 전혀 관심이 없는데 그것에 대해서 생각하려고 해도 아무런 단서도 없고 흥미도 없기 때문에 호기심이 발동하기는 어렵다. 생각을 일으키기 위해서라면 무엇보다 자신의 관심사를 찾아보아야 한다.

나는 지금 생각에 대해서 생각하고 있다. 생각은 어떻게 일어나고 어떤 경로를 통해서 발달되는지를 관찰하고 있다. 내 생각의 관찰 범위는 내 생각이다. 내가 내 생각을 따라간다. 내 생각을 따라가는 것은 24시간 가능하고 생각의 꼬리잡기 게임 같은 기분이 든다. 때때로 그것을 통해서 약간의 오르가즘을 느낄 수 있다. 뇌를 간질이는 느낌이랄까?

내 생각은 어디로 튈지 모른다. 이리 저리 마구 튀어 다니는 것들을 잡다보면 시간 가는 줄 모른다. 생각의 즐거움은 글을 쓰는 것에서 한층 고조된다. 막연히 뜬구름 잡는 생각을 하다보면 어딘지 모르게 허전함을 느낀다. 그러나 지면에 그 생각들을 정리해 놓으면 생각이 보다 더 명확해진다. 글로 써놓으면 이것이 내가 했던 생각인가 하는 생각이 든다. 꿈에서 깨어난 듯한 기분이다. 한참 글을 쓰고 나면 피곤해진다. 두뇌 회전은 그만큼 에너지를 많이 소비한다.

어떤 소리에 자극을 받는다. 풀벌레 소리는 계절을 알려준다. 가을이 코앞에 와 있다. 그러나 막상 가을이 되면 겨울을 준비하는 소리들이 들려온다. 바람은 싸늘해지고 낙엽이 떨어진다. 나는 그것을 보면서 계절을 앞서간다.

나는 풀벌레 소리가 무슨 의미인지 알아들을 수 없다. 내가 이해할 수 있는 인간의 소리도 얼마 안 된다. 일단 외국어는 알아듣지 못한다. 한국어라고 하더라도 그 사람의 의도를 100% 이해했다고 말하기 힘들다. 풀벌레 소리도, 새들의 소리도, 인간의 소리도 이해할 수 없다는 측면에서 동일하다.

    우리는 알아듣지 못하는 소리는 의미가 없다고 생각한다. 하지만 유독 인간의 소리에는 모두 의미가 있다고 믿는다. 왜 인간의 소리에만 의미가 있다고 생각할까? 풀벌레도 어떤 의미를 전달하기 위해서 소리를 내고 있을 것이다. 아무런 의미도 없는 행위란 존재하지 않는다. 다만 내가 그것을 이해하지 못했다고 해서 무의미하다고 단정 지어서는 안 된다. 설혹 이해했다손 치더라도 그것이 바른 이해인지 확신하기도 힘들다.

    매미소리가 사라졌다. 바로 며칠 전까지만 하더라도 우렁차게 들리던 소리가 사라진 것이다. 이렇게 벌레들은 계절에 민감하다. 자기가 죽을 순간을 슬퍼하는 것일까? 이것은 다분히 인간적인 상상이다. 인간은 죽을 때 아무런 소리도 내지 못한다. 마지막으로 내뱉는 그 숨이 어떻게 끝날지 모른다. 어느새 내 생각은 죽음에 도달해 있다.

    어른들은 '죽는 것이 걱정이다.'라고 말한다. 이것은 늙어보지 않으면 전혀 체감하기 힘든 말이다. 죽는 것이 왜 걱정일까?

죽으면 되지 그것을 걱정할 필요가 있을까? 그러나 사람의 죽음이라는 것이 그렇게 간단치가 않다. 동물들이 죽는 순간은 짧다. 하지만 인간은 자칫 잘못하다가는 병치레를 오래 하면서 고생하며 죽게 된다. 죽음의 순간은 짧을지라도 죽음을 대기하는 시간이 길어진다. 그 대기 시간이 걱정이 된다.

신나는 놀이기구를 타는 것도 순간에 끝난다. 하지만 그 놀이기구를 타기 위해서 긴 줄에 대기해야 한다. 대기하면서 한껏 고조되었던 기분은 한순간의 퍼포먼스로 끝나게 된다. 누구도 긴 줄을 좋아하지는 않는다. 긴장이 해소되면 평온해진다. 죽음은 평온으로 들어가는 문이지만 그 전에 긴장하지 않을 수 없다. 긴장을 오래 하면 피로해지고 피곤하면 짜증이 난다. 그런 상황이 싫다. 그러니 짧게 끝낼 수 있다면 좋겠다는 생각이 든다. 큰 고통을 당하지 않았으면 하는 바람을 갖는다.

생각의 끝은 어디일까? 미친놈 같지만 생각만으로도 울고 웃을 수 있다. 괜스레 눈물이 난다. 그냥 이 상황에 젖어들면 감상에 빠지게 된다. 그 전에 느꼈던 것과는 전혀 다른 느낌이 든다.

빨래를 널고 왔다. 겨우 한 세대 만에 이렇게 풍경이 달라졌다. 우리 어머니 세대에서 빨래는 여자들의 몫이었다. 부엌일은 남자가 해서는 안 될 일이었다. 그러나 지금은 누구나 해야만 한다. 혼자 사는 인구가 많아지고 혼자 살기 위해서는 못하는 일이 있어서는 안 된다.

과거에는 혼자 사는 것이 큰 흠이었지만 현대는 그렇지 않다. 특히 여자가 혼자 살면 위험하기도 하고 생계에 지장이 있기 때문에 반드시 결혼이라는 제도 속으로 들어가려고 안간힘을 썼다. 하지만 지금은 여성의 사회활동이 보장되고 혼자서도 충분히 살 수 있기 때문에 결혼제도는 그만큼 당위성을 잃게 된다.

누가 힘든 일을 도맡아 하고 싶을까? 힘든 것을 따지자면 한도 끝도 없다. 젊은 남녀가 흔히 하는 비교는 군대와 출산이다. 여자와 남자는 완전히 동일할 수가 없다. 그것은 태생적 한계에 부딪치게 된다. 남자는 아이를 낳을 수 없고 여자는 힘이 약하다. 힘으로 따지자면 남성이 우월하다. 하지만 남자를 움직이는 힘은 여자에게 있다. 그러므로 여자는 머리를 더 쓰게 되고 남자는 몸을 더 쓰게 된다. 현대와 같이 두뇌게임이 발달한 사회에서는 어찌보면 여자가 남자보다 더 최적화 되었다고 볼 수 있다. 남자가 설 자리는 점점 줄어들고 있다.

오늘의 생각은 생각으로부터 시작해서 글쓰기, 풀벌레 소리, 죽음, 빨래, 성역할로 마무리 되었다. 전혀 연관성이 없던 것들이 생각 속에서 관계를 맺고 하나로 엮여졌다. 우리 주위에는 무수히 많은 재료들이 있다. 그것들은 생각 속에서 서로 어우러져 한 덩어리가 된다.

생각을 다시 생각하기 2

잠이 오질 않는다. 계속 뒤척이다가 이러다가는 날을 새겠구나 싶어서 거실로 나와 책상머리에 앉았다. 내 컴퓨터를 시골에 놓고 와서 글도 쓸 수가 없다. 책상을 뒤적이다가 빈 종이를 발견하고 글을 쓰기 시작한다. 볼펜으로 쓰는 것이 이제는 어색할 지경이다. 설상가상으로 볼펜이 잘 나오지도 않는다. 조금 나오다가 멈추고 또 나오다가 멈추고를 반복한다. 이래서는 글을 제대로 쓸 수 없겠다 싶다. 한참을 망설이다가 아들이 자고 있는 방문을 열었다. 아들을 깨우지나 않을까 염려했지만 역시나 깨지는 않는다. 아들 노트북을 들고 나와서 글을 쓰기 시작한다. 타이핑에 익숙해진 나로서는 이것이 글쓰기에 훨씬 편리하다. 사람은 한 번 편리함을 맛보면 그것에서 벗어나기 힘들다.

한번은 스마트폰에 너무 얽매여 사는 것 같아 예전에 쓰던 폴더폰을 사용해 보았다. 역시나 불편하다. 한 달 정도 쓰다가 다시 스마트폰으로 돌아가고 말았다. 스마트폰에 무슨 보물이 있는 것도 아닌데 자꾸 손이 간다.

뉴스를 보는데 news라는 단어와는 달리 새로운 소식은 없다. 볼만한 것이 없어도 자꾸 인터넷을 뒤지고 있다. 그것은 습관처럼 몸에 배어 버렸다. 책을 읽어야지 하는 생각만 있고 실제로는 스마트폰을 들고 있다.

생각과 행동은 이렇게 따로 논다. 생각이 행동을 조절한다고 믿지만 현상은 전혀 그렇지 않다. 욕망 앞에서는 생각이 말을 듣지 않는다. 먹는 것에서도 마찬가지다. 과자를 먹으면 안 되지만 손은 과자로 향하고 있다. 절제한다는 것은 생각처럼 쉬운 일이 아니다.

생각은 어쩌면 뜬구름 같다. 모였다가 흩어지기를 반복한다. 하늘의 구름은 다양한 모양을 만들어 낸다. 하지만 구름이 스스로 그렇게 되고 싶어서 된 것은 아니다. 바람이 불어와 하나로 뭉치게도 만들고 사방으로 흩어지게 만들기도 한다. 구름은 스스로의 의지를 갖지 못한다. 다만 주변 환경에 영향을 받을 뿐이다. 때로는 구름이 구름을 끌어 모으는 듯이 보이기도 한다. 하지만 그것도 바람의 도움이 없다면 서로에게 다가갈 수 없을 것이다.

내가 지금 깨어 있는 것도 내 의지로 이렇게 된 것은 아니다. 오늘따라 바깥에서 시끄러운 소리가 난다. 새벽 1시 30분이다. 늦은 시간이라고 할 수도 있고 이른 시간이라고 할 수도 있다. 새벽을 여는 사람에게는 이른 시간이고 밤샘 근무를 하는 사람에게는 늦은 시간이다. 무엇을 하나 궁금해서 창밖을 내다보니 박스를 수거하고 있다. 나는 게으르게 이렇게 잠만 퍼 자고 있는데 저분들은 열심히도 살고 있구나 하는 생각이 든다. 짜증이 나다가도 그런 생각에 이르니 짜증은 수그러든다.

그래도 나는 시끄러운 환경에서 잠을 이룰 수 없다. 창문을 모두 닫고 에어컨을 켠다. 시원한 바람이 분다. 잠이 올까 기대했지만 역시나 쉽게 잠을 이룰 수 없다. 잠이 안 올 때는 양 머리수를 셈하듯이 나는 내 생각을 뒤적거린다. 무슨 생각들이 머릿속에 들어있나 들쳐 내고 나면 그것을 쓰고 싶은 충동을 느낀다. 일어설까 말까를 망설이다가 도저히 잠을 이룰 수 없겠다고 느낄 때쯤 나는 이 자리에 앉게 되었다.

내 생각은, 내 의지는 잠을 자는 것이지만 환경이 나를 일으켜 세운 것처럼 구름은 바람을 타고 이리 저리 날아다닌다. 생각을 보고 있자면 그런 현상은 특히 두드러진다. 한참동안 어떤 생각을 하고 있다가도 주위에서 어떤 변화가 일어나면 그것에 자극을 받아 생각은 엉뚱한 곳으로 튀고 만다. 어떤 주제가 없이 글을 쓰다보면 이런 이야기와 저런 이야기들이 뒤죽박죽 되기 일수다.

좋은 글이란 하나의 주제로 일관성 있게 써 내려간 것이라고 믿었던 적이 있다. 물론 그런 글들도 필요하겠지만 수필이란 그냥 삶을 있는 그대로 쓰는 것이라는 점에서 딱히 주제가 없어도 좋지 않을까 하는 생각이 든다. 그냥 생각을 따라가는 것이다. 그것은 두 번 다시 없을 생각이다. 왜냐하면 그런 환경은 두 번 다시 만들어지기 힘들고 내 감상이 그 상태에 이르기 힘들기 때문이다.

구름이 많이 모이면 비가 내린다. 구름이 모여서 비가 되는지 아니면 비가 되는 구름이 따로 있는지 모르겠다. 여하튼 구름이 엄청 많아야 비가 내리는 것은 확실하다. 글은 생각의 표현이다. 그러나 모든 생각이 글이 되지는 않는다. 생각이 어느 정도 모여야 글을 쓸 수가 있다. 그런 의미에서 생각은 구름이고 글은 빗방울이라고 생각한다. 생각이 글이 되려면 더 많은 생각들을 모아야 한다. 생각이 많아지면 머리가 무거워진다. 무거운 머리를 맑게 하기 위해서는 그 생각들을 다 쏟아내야 하는데 글쓰기는 꽤 괜찮은 방법 중에 하나이다. 말을 하려면 누군가 들어줘야 하지만 글은 아무도 읽지 않아도 쓰는 데는 아무런 문제가 없다. 한번은 내가 저자가 되고 한번은 내가 독자가 된다.

맑은 하늘을 보려면 구름이 걷혀야 한다. 구름이 뭉게뭉게

떠 있는 것도 운치 있지만 때로는 화창한 날이 보고 싶기도 하다. 하늘 본연의 모습을 보기 위해서는 구름을 걷어 내야 한다. 마찬가지로 내 본연의 모습을 보기 위해서는 생각을 거둬야 한다. 생각에는 걱정이나 희망 등이 뒤섞여 있다. 이런 생각들은 내가 처한 상황을 있는 그대로 볼 수 없게 만든다.

부질없는 걱정이 생각을 부풀릴 때가 있다. 그러나 내가 하는 걱정의 대부분은 일어나지 않을 일들이다. 그럼에도 불구하고 그 걱정 때문에 잠을 이루지 못한다. 사람들은 운7기3이라고 한다. 성공한 사람들은 운9기1이라고 고백한다. 아직 성공에 이르지 못한 사람은 내가 노력해서 무엇을 성취할 수 있다고 믿지만 결국 그것을 이루게 만드는 것은 자신의 노력보다는 주변의 조력 때문이다. 내가 아무리 능력이 출중하다고 하더라도 환경이 조성되지 않으면 그것은 성공하기 힘들다. 성능이 무한대인 자동차가 나와도 도로가 닦여있지 않으면 최고속도로 달릴 수 없다.

운이 따라야 어떤 일이 이뤄진다는 점을 깨달았다 하더라도 자신의 삶을 운에 맡길 수 없다는 신념을 가진 사람들은 지푸라기라도 잡는 심정으로 자신의 노력에 미련을 버리지 못한다. 가만히 앉아서 당하지는 않겠다는 각오일 것이다. 그 노력이 가상키는 하지만 인생의 풍랑 앞에서 한없이 작아지는 자신을 보게 된다면 무엇이 진실인지 깨닫게 될 것이다.

내가 아무런 의지를 갖지 않는다고 하더라도 내 주변에서 많은 일들이 벌어지게 될 것이다. 나는 잠을 이루지 못해 글을 쓰고 있다. 이것은 일종의 잠을 부르는 의식이다. 가만히 누워 있다고 해서 잠이 드는 것이 아니기 때문에 무엇이라도 해 보는 것이다. 하지만 이런 노력들은 아직까지 효험을 보지 못하고 있다. 역시나 시간이 지나야만 잠에 들 수가 있을 것이다.

아직 덜 피곤해서 잠을 못자는 것이라고 말할 수도 있다. 하지만 어제는 힘든 하루였고 운동도 충분히 했으며 잠에 못들 이유는 하나도 없다고 나는 자신 있게 말할 수 있다. 그럼에도 나는 잠에서 깨어났고 그것은 나의 의지와는 전혀 상관없이 쓰레기를 치우는 사람들의 행위에 의해 촉발되었다.

가만히 누워서 잠에 매달릴수록 나는 점점 더 잠에서 멀어지고 있음을 직감할 수 있었다. 높이 올라가면 올라갈수록 떨어질 일만 남았고 땅속 깊이 고꾸라지면 질수록 올라갈 일만 남은 것이다. 어쩌면 이 글을 쓰게 되려고 깨어났는지도 모른다. 깨어났기 때문에 글을 쓰는 것인지 글을 쓰기 위해서 깨어났는지는 아무도 알 수 없다.

욕심과 욕망

대전제 1. 모든 인간은 욕심이 있다. 그것이 선한 것이든 악한 것이든, 정신적인 것이든 물질적인 것이든, 긍정적이든 부정적이든, 모두가 일정한 정도의 욕심이 있다. 무엇을 하고자 하는 것은 욕심에서부터 시작된다. 무엇을 갖고 싶다, 무엇을 하고 싶다는 마음은 그것을 어떻게 실현할 것인가로 확장된다. 나는 이것을 욕망이라고 부른다. 욕심은 생각의 도움을 받아 욕망에 이르게 된다. 욕심은 생각을 자극한다. 생각이 구체화되면 실행에 옮긴다. 어떻게 해야 할지 모르면 행동할 수 없다.

단편적인 행동으로는 욕심을 실현시키기 힘들다. 지혜로운 사람은 큰 그림을 그린다. 지금 당장은 아니더라도 일정한 절차를 거쳐 결국에는 자기 욕심을 채운다. 그러므로 생각이 짧은 사람은 작은 욕망을, 생각이 긴 사람은 큰 욕망을 갖게 된다.

어린아이의 욕망은 어른들에 보기에 하찮은 것이다. 하지만 그들에게는 그것만큼 중요한 욕망은 존재하지 않는 듯이 보인다. 어린이는 사탕 한 개, 장난감 하나를 얻기 위해 최선을 다한다. 그것을 쟁취하지 못하면 세상이 무너지는 듯이 운다. 어린이가 사탕을 얻으려고 하는 행위를 보면 그가 어른이 되어서 어떻게 더 큰 욕망을 실현하게 될 것인가를 예측할 수 있다. 어떤 것에 끈질기게 매달리는 어린이는 장성한 후에도 그러한 경향을 보일 것이다. 성인이 된 후에 나타나는 기질은 갑자기 생긴 것이 아니다. 어려서부터 꾸준히 반복된 생활패턴이 그러한 성향을 만들어낸다.

어떤 것을 하고자 하는 것도 욕심이지만 어떤 것을 하지 않으려고 하는 것도 욕심이다. 무엇을 하기 싫다는 것은 그것을 가지지 않으려고 하는 것으로 어쩌면 욕심이 아닌 것처럼 보인다. 그러나 어디에 들어가고자 하는 것과 마찬가지로 어디에서 벗어나고자 하는 것은 욕심이다.

이 삶을 좋아하는가? 이 삶에 흥미가 있고 애착을 느껴서 영원히 살고자 하는 욕망을 가질 수 있다. 반대로 자신의 삶에서 염증을 느껴서 이 삶을 벗어버리고자 한다면, 살고자 하는 욕망에서 벗어나는 것이 아니라 살고 싶지 않다는 욕망을 실현하는 것이다.

지혜는 큰 그림이고, 긴 생각이며, 미래를 예측하고 대비하는 것이다. 그것은 당장에 욕망을 실현시키는 것이 아니라 언젠가는 실현되리라는 기대를 충족하는 것이다. 생각이 점점 더 커지면 그에 맞는 욕망을 갖게 된다. 생각이 어릴 때는 작은 욕망으로도 욕심을 만족시킬 수 있지만 생각이 장성한 후에는 작은 것으로는 절대 욕심을 만족시킬 수 없다.

욕심에서 시작된 생각은 점점 부풀어 올라 욕망이라는 자기만의 성을 쌓게 된다. 욕망에 갇혀 있는 사람은 자유롭지 못하고 그 세계에 머물 수밖에 없다. 그 성에서 나가면 자기는 알몸이 되고 위험에 처하게 되리라는 것은 불 보듯 뻔 한 일이다. 그러니 사람들은 욕망의 성에서 좀처럼 나오려고 하지 않는다.

욕망은 자신을 보호하는 성(城)인 동시에 자신을 규제하는 감옥(監獄)이다. 욕망이 크면 클수록 더 큰 성(城)을 갖게 되어 더 많은 자유를 누릴 수 있다. 하지만 그러한 성이 없는 것보다 자유로울 수는 없다. 자유는 억압이 없는 상태이지만 그와 비례해서 위험에 노출되는 것이다.

자유롭고 싶다면 욕망을 잠재워야 한다. 그러나 욕망은 깨부술 수 없다. 그것을 깨면 욕심은 더 강한 욕망으로 그곳을 채울 것이다. 욕망을 점점 작게 만들어 한 점으로 만들면 나는 더 이상 설 자리가 없어 그곳을 떠날 수 있게 될 것이다.

사람이 죽으면 욕심과 욕망은 사라진다. 하지만 자유를 누리지 못하는 사람은 다시 자신을 보호할 성을 찾게 되고 그것은 또 다른 욕망을 찾아 들어가게 만든다. 이것이 윤회이고 영원한 감옥이 아닐까 한다.

    심령이 가난한 자는 복이 있나니 천국이 저희 것임이요. 심령이라고 거창하게 말했지만 그것은 결국 마음이고, 마음은 무엇을 하고자 하는 것에서 움직이기 시작한다. 심령이 가난하다는 것은 작은 마음을 가지는 것이고 가장 작은 것은 없는 것과 같은 것이다. 없지는 않지만 없는 것 같이 작은 것, 그것이 천국을 맛볼 수 있는 길이다.

글쓰기에 대한 생각

　말로 하는 것은 한계가 있다. 그러니 글을 쓴다. 글을 쓰는 것은 좀 덜 힘들다. 말로 하려면 입이 아프고 침이 마르고 곧 피곤해진다. 사람을 대면하고 있으니 그들의 반응에도 신경을 써야 한다. 하지만 글은 단지 내 생각만을 길게 죽 늘어놓으면 되기 때문에 누구를 신경 쓰지 않아도 된다는 장점이 있다.

　사람들은 다른 사람의 말을 듣는 듯 하지만 결국 자기 말만 하고 있다. 의사소통이 되는 것은 극히 일부분이다. 같은 소리를 들어도 다른 의미로 기억한다. 나중에 만나서 이야기를 하다보면 그것은 극명히 드러난다.

　사람들은 타인의 말을 듣는 중에 자기 말을 생각한다. 이 말이 끝나면 나는 무슨 말을 해야지 하면서 그 말이 끝나기를 고대한다. 심지어는 그 사람의 말을 잘라먹고 자기 말을 한다. 그러니 어찌 의사소통이 일어날까? 좀 많이 안다고 하는 사람들은 특히 심하다. 다 알고 있다고 믿기 때문에 타인의 말에 귀를 기울일 가치가 없다고 생각한다. 뻔한 소리라고 판단하기 때문에 이미 귀는 닫아놓은 상태이다. 그리고 기계적으로 그 사람의 말이 끝나기를 기다렸다가 자기 말을 되풀이 한다. 이러니 서로 간의 생각이 교류될 턱이 없다.

　가장 중요한 것은 서로의 생각이 오가는 것이다. 같은 그림을 보고 있어도 다른 생각을 할 수 있다. 누군가 기분이 우울한 것 같으면 괜스레 눈치가 보인다. 그것은 말이 아니더라도 의미가 전달된다. 표정 하나만으로도 그 기분은 완벽하게 전달된다. 이 때 말은 오히려 방해가 된다.

　생각은 이리 저리 오락가락 한다. 이번에는 이런 생각을 했다가 또 다음에는 저런 생각을 한다. 생각은 바람과 같다. 바람이 불어오지만 어디서 와서 어디로 가는지 모른다. 미동도 없는 상태라도 바람은 불고 있다. 다만 내가 감지하지 못할 따름이다. 생각이 멈췄을 때 그것을 감지하기 힘들다. 하지만 그 시간이 가장 좋은 시간이다. 바람이 세차게 불기 시작하면 그것을 따라가기가 힘들다. 그것을 따라가다가는 나도 함께 날아갈 것만 같다. 생각을 생각한다는 것은 그만큼 속도가 중요하다. 생각은 시속 300km로 날아가는데 나는 뜀박질을 하고 있으니 그 생각을 따라잡을 수 없다. 말이 꼬이는 것은 생각은 **빠른데** 표현이 느리기 때문이다. 생각은 이미 서울에 가 있는데 입은 이제 막 출발하고 있다. 글을 쓰는 것은 그런 생각을 따라잡기에 적당한 방법이다.

이런 상상을 해 본 적이 있다. 내가 생각한 것이 자동으로 글이 된다면 얼마나 좋을까? 그런데 이것은 어쩌면 구글 번역기로 번역해 놓은 것 같이 어색한 것이 되지 않을까? 아마도 내가 의도한 것을 제대로 전달하지는 못할 것이다.

외국어를 아무리 잘 번역해도 그 언어가 주는 감정까지는 번역할 수 없다. 언어에는 문화가 담겨있다. 여러 사람이 공유하는 것을 문화라고 한다면 개인의 생활은 또 다른 의미에서 개인적인 문화가 될 수 있다.

내 문화를 전달하기 위해서는 내 언어로 풀어 써야 한다. 기계가 내 의도를 모두 파악하고 그것을 있는 그대로 적어주기는 힘들 것이다. 어쩌면 미래에는 그것이 가능할지도 모른다. 하지만 아직까지는 불가능한 일이다. 지금 내가 느끼고 있는 감정은 무엇인가? 그것을 정확히 전달하기 위해서 이런 저런 방법을 고안해 낸다. 한참을 씨름하다가 결국에는 포기하고 만다. 아무리 해도 안 되는 것이 있다.

현실에 매몰되는 것은 그것이 끝없이 이어질 것이라는 착각 때문이다. 삶을 자세히 들여다보면 그것은 무수한 단편들로 이어졌다는 것을 발견할 수 있다. 삶은 이어진 것이 아니다. 어떤 사건은 다른 사건과 전혀 별개로 일어난다. ABC하다가 갑자기

ZYX하기도 한다. 모든 것은 순차적으로 일어나지 않는다. 뒤죽박죽이다. 이것을 크게 보면 또 다른 패턴이 나타나기도 할 것이다. 하지만 그것은 그 크기만큼의 패턴을 보여줄 뿐 어느 순간에 전혀 다른 패턴으로 변화된다.

자신의 삶을 얼마만한 크기로 볼 것인가에 따라 단면은 달라질 것이다. 아직 훈련이 안된 나로서는 매 순간을 쪼개서 볼 수밖에 없다. 너무 길면 그것이 한 눈에 들어오지 않는다. 치매에 걸리면 과거의 일은 선명하게 기억하지만 현재와 가까운 일은 금방 잊어버린다고 한다. 그것은 아마도 경험이 오래 축적된 만큼 현재 일어나는 일은 과거의 반복일 뿐 식상한 일이고 기억할만한 의미가 없다고 여기기 때문이 아닐까 싶다.

모든 일을 일상이라고 생각한다. 특별한 것은 기억되지만 그렇지 않은 것은 잊어버린다. 매일 똑같은 일을 하고 있다면 그것을 기억할 필요는 없는 것이다. 어제의 일이 오늘도 반복되면 어제와 오늘은 하나로 뭉쳐진다.

치매에 걸리지 않는 방법 1. 매 순간을 새롭게 느껴라. 이것은 내가 고안한 방법이다. 과학적 검증이나 증명은 이뤄지지 않았다. 그냥 막연한 생각이다. 그러나 가능성 있는 생각이다. 매 순간에 특별함을 느낀다면 그것은 기억해야할 가치가 있다. 우리 뇌는 최소한으로 움직이려는 특성을 가지고 있다. 뇌는 상당히 게으르다. 그러니 자기 능력의 3%밖에 못 사용하는 것이 아닐까.

사람들은 생각하는 것을 가장 싫어한다. 인간이 생각하는 동물이라고 하지만 그것은 극히 일부분에 지나지 않는다. 많은 사람들은 본능적으로 살아간다. 나도 마찬가지다. 본능에 무엇을 실었느냐는 중요치 않다.

어떤 사람은 책을 읽는 본능을 가지고 있고 나는 글을 쓰는 본능을 갖고 있다. 글을 쓰지 않으면 왠지 불안할 지경이다. 이것마저 하지 않으면 완전히 도태될 것만 같다. 그것이 본능적으로 일어날 때 인간은 동물적인 속성에서 벗어날 수 없다.

- 생각이란 무엇인가? 이 본능으로부터 벗어나는 것이다. 본능은 일상적이지만 생각은 특별한 것을 찾아낸다. 생각이 본능적이라면 그것을 깨야 한다. 새가 알에서 깨어나는 것은 대단히 특별한 일이다. 새는 한 번 알에서 깨어날 수 있을 뿐이다. 두 번은 불가능하다. 새끼병아리가 닭이 되는 것도 큰 변화이다. 하지만 그 변화는 서서히 일어나기 때문에 크게 감동을 주지 못한다.

우리 삶을 보면 먹고 자고 싸고 잠자고 다시 일어나고 먹고 자고 싸고를 반복한다. 잠자리에 들 즈음에는 이런 회의가 밀려온다. 이제 잠자리에 드는구나. 오늘도 피곤한 하루였다. 하지만 내일 아침이 오면 이 자리에서 일어나서 어제와 같은 일을 반복하고 피곤에 쩔어서 이 자리에 눕겠지. 이런 일을 되풀이 하는 것이 무슨 의미가 있을까 하는 회의감이다.

내 삶에서 특별할 것이란 별로 존재하지 않는 것만 같다. 하지만 어제의 일이 완벽하게 겹치는 것은 없다. 나는 내 삶을 너무나 일상적으로 받아들이고 있다. 그것을 타파하기 위해서라도 글은 계속 써져야 한다. 그러나 글을 본능적으로 쓰다보면 특별함을 발견하기 보다는 일상적인 것의 반복으로 쓰게 된다. 이것 자체가 일상이 되어버린 것이다. 늘 같은 자리에서 같은 자세로 같은 내용을 지껄이고 있다.

나는 이 글을 쓸 뿐 읽지 않는다. 그러니 같은 내용인지 어떤지 알 수가 없다. 한 번은 마구잡이로 쓴 다시 읽어 보았다. 어떤 부분은 누가 썼는지 모를 내용이 들어있다. 그 순간은 내가 아닌 다른 사람이 글을 쓴 것 같다. 내 삶을 읽는다는 것은 내 글을 읽는 것과 유사하지 않을까.

이런 끝없는 생각들을 이어가다 보면 어느새 끝낼 시간이 다 가온다. 출근을 해야 한다. 오늘 하루도 시작이다. 하루의 시작인데 벌써 피곤하다.

경청

 타인의 말에 경청하는 것은 어려운 일이다. 말을 들어도 귀에 잘 들어오지 않는다. 그 말이 어려운 것도 아닌데 자꾸 딴 생각이 난다. 그러니 그 말은 내 뇌 속에서 딴 생각들과 버무려져 엉뚱한 기억으로 남는다. 내가 이렇게 생각하고 있으면 타인이 아무리 저렇다고 말해도 그렇게 들리지 않는다.
 경청하는 것은 힘들지만 방법은 간단하다. 그 사람의 말을 단순히 되풀이 하는 것이다. 이것만으로도 상대방은 이해받는 것 같은 느낌을 받는다. 생각은 행동하고 있을 때 그것에 집중하게 된다. 말을 한다면 뇌는 내가 말하는 것에 집중할 것이고, 그 말은 타인의 말에 다름 아니기 때문에 결과적으로 타인의 말에 집중하는 효과를 나타낼 수 있다. 이렇게 상대방의 말을 되풀이 할 때 내 생각이 아니라 타인의 말에 더 크게 반응하고 그렇기 때문에 내 생각으로부터 타인의 생각을 보호할 수 있게 된다.
 자기 생각이 강할수록 타인의 말을 이해하기 힘들어진다. 다른 사람의 말을 듣는 동안 자기 생각이라는 방어막에 부딪히기 때문이다. 말이 끝나기도 전에 이미 자기 판단이 내려진다. 그렇게 판단이 끝나면 그 말을 들을 이유가 없어진다.

어떤 일이 자기 마음에 들지 않으면 화가 난다. 화가 날 때 어떻게 대처하느냐에 따라 사람의 성숙도가 달라진다. 가장 낮은 단계는 화가 나는 상황에서 화를 내는 것이다. 화를 내는 강도가 얼마나 센가에 따라 그 사람의 성숙도를 세분할 수 있다. 불같이 화를 낸다면 그만큼 낮은 단계인 것을 알 수 있다.

그 다음으로는 화를 참는 것이다. 그러나 화를 참는 데는 한계가 있다. 자기 능력이 이만큼인데 그 이상을 참을 수 있는 사람은 없다. 억지로 참다가는 그 무게에 눌려 자기 자신이 죽을 수도 있다. 역도 경기를 보면 자기가 들 수 있는 한계치의 무게를 들다가 그것을 놓치는 경우가 있다. 그런데 그것을 끝까지 이겨보겠다고 들다가는 자기 몸을 상하는 화를 자초하게 될 것이다. 무게를 이기지 못할 때 몸은 무의식적으로 스스로를 보호하기 위해 역기를 바닥에 내팽개치고 만다. 어떤 사람도 죽을 만큼 참을 수는 없다. 죽을 것 같은 것이지 죽지는 않는다. 그러나 그 한계치를 넘으면 화를 참지 못하고 스스로 죽고 마는 것이다.

세 번째 단계는 화가 나는 상황을 회피하는 것이다. 화가 날 것 같으면 그 상황에서 잠시 벗어나 자기 평정심을 찾으려고 노력한다. 보지 않으면 화내지 않을 수 있다. 어쩌면 회피하는 것보다 그 일에 직면하면서 참는 것이 더 힘든 일일 수 있다. 하지만 그런 상황에서 벗어나는 것은 그물에 잡힌 물고기가 어망을 빠져 나가는 것이라고 할 수 있다. 어떤 일은 나를 화나게 만든다. 그 일은 자꾸 나를 몰입하게 만든다. 지나고 보면 아무 일도 아닌데 왜 그렇게 화를 냈던가 하는 후회가 된다. 하지만 그 당시에는 그보다 더 중요한 일은 없다고 믿었던 것이다. 그러니 그 일에 매몰되기 전에 그것에서 빠져나오는 편이 나을 수 있다.

마지막으로 최고의 단계는 화가 나는 상황 속에 있으면서도 평온하며 화가 있는지 모르는 상태이다. 누가 아무리 내 화를 돋우어도 화를 내지 않을 수 있다면 그 사람의 시도는 실패하는 것이다. 반대로 내 분을 참지 못하고 화를 낸다면 나는 그 사람에게 진 것이다.

화나는 상황에서도 화를 내지 않을 수 있는 성숙한 사람이 되기 위해서 어떻게 해야 할까? 상대방의 입장에 몰입하는 것이다. 내 입장에서는 절대 이해되지 않던 것이 상대방의 입장에서 보면 그럴 수도 있겠다고 느껴진다. 더 나아가 반드시 그러하겠다는 확신이 서게 된다. 상대방을 나무라기 전에 그 사람의 말을 듣고 그 말을 되풀이해서 내 입으로 말해보자. 귀로 들어가는 말과 입으로 내뱉는 말은 서로 다르게 느껴질 것이다. 귀는 수동적으로 타인과 연결되지만 입은 능동적으로 타인과 연결한다. 이렇게 귀와 입이 협업하면 보다 더 깊이 이해할 수 있게 된다.

학생들의 입을 닫는 교육은 의사소통의 일방통행을 부추긴다. 교사는 항상 말하고 학생은 항상 듣는 입장에 있다. 교사들의 가장 큰 불만은 학생을 아무리 잘 가르치려고 해도 학생들이 말을 듣지 않는다는 점이다. 말을 듣게 하고 싶다면 말을 들어라. 이것이 의사소통의 제1원칙이다.

학교에서 한 반은 30명 내외로 구성된다. 30명의 소리를 한꺼번에 듣는다는 것은 불가능하다. 그리고 그들의 소리를 다 듣는다면 한 시간이 부족할 것이다. 하브루타 교육법에서는 학생들이 서로 짝을 지어 자기가 읽고 있는 것을 설명하게 한다. 말을 하는 사람도 듣는 사람도 자기 자신이지만 상대방을 보면서 말하기 때문에 누군가 내 말을 듣고 있다는 착각에 빠지게 만든다. 누군가를 가르칠 때 가장 잘 배울 수 있다. 자기 입으로 말할 때 정리가 된다. 자꾸 입으로 되풀이 하면 정리되면서 암기가 된다.

아들을 키우면서 가장 큰 걱정은 아들이 부모에게 말하지 않는 것이다. 아직 성인이 되기 전까지 아이들의 사고는 미성숙한 상태이다. 어른의 눈에서 보면 아무 일도 아닌 것들을 아이들의 입장에서는 대단히 큰일처럼 받아들일 때가 있다. 어떤 위급

한 상황에 처했을 때 어른이 잘 대처하게 이끌어 준다면 상황은 잘 마무리 될 수 있지만 아이 홀로 그 상황에 내몰리게 방치한다면 어떤 결과가 일어날지 예측할 수 없게 된다.

『데미안』에서 싱클레어는 어린 마음에 거짓말로 허풍을 떨다가 크로머에게 약점을 잡혀서 전전긍긍하는 장면이 나온다. 다행히 데미안이라는 성숙한 친구를 만나 무사히 빠져 나오지만 그러한 상황이 지속되었다면 더 큰 사고를 칠 수도 있었을 것이다. 어린 싱클레어의 마음으로 그 상황을 보니 너무나 가슴이 오그라들었다. 나도 어려서 그런 비슷한 경험을 한 적이 있기 때문이다. 만약 그 때 부모에게 혼나는 것을 두려워하지 않고 사실대로 말했다면 아무런 댓가도 치르지 않았어도 될 터였다. 하지만 싱클레어는 어머니를 실망시키고 싶지 않다는 생각 때문에 솔직하게 털어놓지 못했던 것이다.

우리 모두에게는 말할 수 있는 자유가 주어져야 한다. 사실 말할 수 있는 자유는 누구에게나 있다. 하지만 그것을 들어줄 수 있는 사람이 존재하느냐 하는 것은 더 중요한 문제가 아닐 수 없다. 사고를 당하고 24시간 이내에 말로써 내 뱉으면 그 트라우마를 조금이나마 경감시킬 수 있다고 한다. 말로 한다는 것은 이만한 위력이 있다.

꿈과 현실

　꿈을 꾸고 있는 동안에는 현실만큼 생생하다. 그러나 꿈이 헛되다고 생각하는 것은 잠에서 깨어났을 때 그것이 전혀 기억나지 않기 때문이다. 너무나 생생한데 다시금 되살려내려고 하면 그것은 허공의 연기처럼 손에 잡히지 않는다. 홀연히 사라지고 아무런 자취도 남기지 않는다.
　우리의 인생도 마찬가지다. 현실은 생생하나 지나쳐온 과거는 희미해진다. 바로 어제 일도 어떤 것인지 잘 기억이 나지 않는다. 큰 사건이 있었다면 어느 정도 기억에 남을 만하다. 하지만 그 기억도 왜곡되어 사건 그 자체가 아닌 경우가 많다.
　나는 어제 무엇을 했던가? 아침에는 매트리스 배송이 왔다. 잠이 덜 깬 아들을 아랫방으로 대피시키고 매트리스를 깔았다. 젊은 사람 둘이 배송을 왔다. 대기업 제품이라 그런지 배송하는 사람도 그런 느낌이다. 그 전에 왔던 사설 배송기사와는 사뭇 다른 태도에 나는 적잖이 당황했다.
　아침밥을 먹는다. 오랜만에 세 식구가 둘러앉았다. 아침은 아들이 늦게 일어나서 같이 못 먹고, 점심은 내가 출근해서 같이 못 먹고, 저녁은 아들이 학원에서 늦게 귀가 하여 같이 못 먹는다. 딸랑 세 식구인데 밥 먹는 게 이렇게 다르다. 아침밥은 계란찜과 대구전, 그리고 뭐였더라. 이렇게 하루만 지나도 그 기억은 희미해진다. 아마도 그 두 가지가 가장 인상적이었을 것이다. 아! 부로콜리도 있었다. 아들은 밥은 먹지 않고 계란찜만 먹고 다시 자기 방으로 올라가 버렸다.

밥을 먹고 하기 싫은 설거지를 하고 출근을 하였다. 날이 너무 추워서 사람이 있을지 의문이다. 부지런히 반죽을 하고 정리를 한다. 손님이 있을지 없을지 모를 일이기에 대기에 대기를 계속한다.

이번 주 책은 에밀 아자르의 『자기 앞의 생』이다. 자리에 앉아서 책을 읽는다. 모모의 눈에 비친 프랑스의 후미진 거리는 후줄근하게 느껴진다. 우리가 상상했던 파리의 화려한 도시는 아니다. 그가 자란 곳이 그런 뒷골목이기 때문일 것이다. 모모와 완전히 대비되는 아이들이 한 번 나온다. 깔끔한 복장에 금발을 한 나딘의 아이들이다. 모모가 그들의 모습을 보면서 자기의 현실을 깨닫는 장면은 안쓰러움을 불러일으킨다. 부모 없는 자식의 서러움이라. 모모는 자기를 키워준 로자 아줌마의 유언을 지키기 위해 그녀를 지하실로 데려 간다. 그리고 그곳에서 그녀의 죽음을 지켜준다. 어제 읽은 책인데 등장인물의 이름도 잘 기억이 나질 않는다. 정확하게 쓰기 위해 책을 뒤적인다.

여기까지 쓰고 나서 며칠이 지났다. 이 글은 이미 과거가 되었다. 글을 읽어보니 그 때의 일들이 생생히 그려진다. 내가 어떤 고민을 했는지 깨닫게 된다. 꿈과 현실, 어떤 것이 더 현실적인지 되새기는 것이다. 꿈은 오로지 머릿속에서만 일어나는 일이다. 몸은 전혀 움직이지 않는다. 현실은 몸을 움직여 일어나는 과정이다. 몸도 뇌의 일부이다. 뇌가 몸의 일부겠지. 그러면 꿈도 몸의 일부이고 그것은 현실과도 별반 다르지 않다.

잠을 청한다. 꿈을 꾸고 싶다. 꿈에서 또 꿈을 꾼다. 그렇게 한 없이 들어 가다보면 끝없는 끝을 보게 될 것 같다. 하지만 그 꿈을 깨면 아무것도 없다. 글을 마치고 싶은데 마무리가 안 된다. 그냥 끝내면 된다. 꿈에서 깨어나면 된다. 깨고 나면 아무것도 아니었음을 깨닫게 될 터이다. 깨닫는다는 것은 꿈에서 깨는 것이다.

내가 감각한 것은 뇌에서 처리한다. 현재는 시간적 개념이다. 시간은 멈추지 않고 계속해서 지나간다. 멈춘 것은 현실이 아니다. 그것은 내 뇌에서 일어나는 일시정지에 지나지 않는다.

현실에서 일어난 것들을 재생해본다. 엄밀한 의미에서 우리는 가상현실에서 살고 있다. 현재는 찰라의 순간이다. 매 순간들은 영화 필름처럼 뇌에 저장된다. 내가 감각한 현재는 이미 지난 과거이고 그것을 실감나게 느끼는 것은 뇌의 후처리 작용에 불과하다. 이렇게 우리가 현실이라고 믿었던 현재는 모두 지나간 과거이다.

가상현실세계는 컴퓨터에만 국한된 것은 아니다. 뇌는 부드러운 컴퓨터다. 과학자들은 우리를 닮은 인공지능을 개발하기 위해 안간힘을 쓰고 있다. 그리고 지금까지의 성과를 보자면 그것이 실현되기까지 얼마 남지 않은 것 같다. 현실은 꿈이 되고 꿈은 현실이 된다.

생각

생각은 뭉텅이로 나오는데 글은 순차적으로 써야 하기 때문에 제대로 표현하기가 힘들다. 생각은 또한 순간이동을 잘한다. 어떤 관심사에 대해서 줄곧 생각하다가도 어느 지점에서 다른 관심사로 이동한다. 그것은 전혀 연관성이 없어 보이는데도 그렇게 된다. 하지만 잘 따라가다 보면 연결지점은 눈에 띄게 된다.

지금 이 순간에도 많은 생각들을 쫓아가고 있다. 손가락이 생각을 쫓아갈 수가 없다. 생각은 모든 감각에 의해 영향을 받는다. 그 영향을 통제하지 않고서는 생각을 통제하기 힘들다. 나는 지금 이 상황에 덩그러니 놓여 있음을 깨닫게 된다..

생각은 자유롭다. 자유로운 생각을 붙잡아 놓는 것이 글이다. 글은 어찌보면 생각을 억압하는 도구이다. 생각은 현재의 것이 아닌데 자꾸 그것을 현재의 것으로 묶어 두려고 하기 때문이다. 그렇게 본다면 생각과 글은 서로 반대되는 행위이다. 생각은 무한한 자유를 추구하고 글은 그 자유를 구속하려고 한다. 글로 규정해 놓은 것은 내 생각이 아니다. 그것은 내가 생각한 것의 일부일 뿐 전체라고 말할 수 없다. 그럼에도 사람들은 내 글을 보면서 그것이 내 생각의 전부라고 믿게 될 터이다. 그것을 깨뜨리기 위해서는 또 다른 글을 써야 하고 그것은 또다시 내 생각을 재단하는 도구가 될 것이다. 이렇게 악순환은 계속된다.

道는 길

道는 길이다. 길에는 사람이 있다. 사람들이 다니면 길이 된다. 사람의 움직임이 모여서 삶이 된다. 道는 삶이다. 삶은 고정불변의 것이 아니다. 지금 이 순간에도 변하고 있다. 道는 흐르는 물과 같다고 했는데 그것은 아주 정확한 표현이다.

나는 道를 발견하려고 여러 가지로 궁리해 보았다. 책속에 있지는 않는지 살펴보았다. 그러나 그것은 어지러운 생각일 뿐 道는 아니었다. 명상을 해 보았다. 道를 찾아 끝까지 가보고자 했으나 그것은 공허하여 아무것도 손에 잡을 수 없었다.

레코드판 위에 핀이 올라가면 소리가 난다. 핀은 레코드판의 길을 지나면서 소리를 낸다. 그런데 핀은 어디에서 소리가 나는지 몰라 어리둥절 한다. 스피커에서 소리가 나지만 그 근원은 레코드판의 길에 나 있는 굴곡이다.

내가 지나온 길이 곧 삶이고, 삶이 곧 道인 것을 깨닫고서는 내 삶을 들여다보기 시작했다. 나는 道 위에 있으면서도 그것을 깨닫지 못하였다. 나는 내 道 위에 있으면서도 그것을 간과하고 한눈을 팔았다. 내 삶에 집중하지 못하고 돈, 명예, 편안함에 마음을 빼앗겼다. 그러면 자연히 道는 멀어지고 잡생각만 무성해진다.

 일이 잘못 되었을 때 '왜'라는 생각을 한다. 그런 일을 반복하고 싶지 않기 때문이다. 그러나 일어나지 말아야 할 일은 일어나지 않는다. 다시 말해 일어나야 할 일이 일어난 것이다. 그런데 나는 그 일을 피하고 싶어서 이리저리 궁리한다. 이것이 좋은 생각이라고 실행하지만 결국 그 길에서도 어려움에 맞닥뜨리게 된다.

 문제는 그 어려움을 보는 방식이다. 그것이 道인 것을 알아차리면 소중해진다. 하지만 그것을 골칫덩어리로 보면 한없이 원망스러워진다. 내 앞에 나타난 인연 중에 소중하지 않은 것이 없다. 인생에 단 한 번만 경험할 수 있는 것들이다. 그럼에도 그것이 영원히 지속될 것 같은 착각에 빠져 산다.

 돈이라는 것은 한 낱 숫자에 불과한 것이다. 돈의 흐름은 내 노트위에 적혀 있다가 다른 사람의 노트위로 옮겨 적는 것이다. 돈을 아끼는 것보다 삶을 아끼는 편이 낫다. 삶을 아끼는 것이 바로 道를 아는 것이다.

 일이 없으면 만날 수 없던 사람들을 일을 통해 만나게 된다. 아무 일이 없다면 만날 필요가 없다. 일은 사람을 만나는 과정이다. 사람과의 만남을 통해 삶은 더욱 풍요로워진다. 삶이 풍요로우면 그만큼 많은 道를 볼 수 있고 더 많이, 더 깊게 깨달을 수 있다.

세상을 보는 도구 - 생각

생각을 바꾸면 세상이 달라진다. 정확히 말해서 세상이 달라지는 것이 아니라 세상이 달리 보인다. 생각이란 무엇인가? 그것은 지식과 지식을 연결하는 방식이다. 생각한 결과 지식이 생산되지만 지식 자체가 생각은 아니다. 생각은 움직임이다. 운동성이 있다. 정지해 있지 않고 움직이고 있다. 지금 이 순간에도 생각은 변한다. 지식들이 변하는 것이 아니라 그것을 연결하는 방식이 바뀌는 것이다.

내 삶을 바라보는 방식에 대해 생각해 보자. 바라보는 방식 자체가 생각이다. 다시 삶을 생각해 보자. 내 삶은 하나이다. 그런데 그것을 보는 사람마다 서로 다른 생각을 하게 된다. 삶은 그대로인데 언제는 즐겁고 언제는 괴롭다. 그 격차가 커지면 조울증이 된다.

나는 내 삶에 불만이 많다. 욕망은 이것인데 현실은 저것이다. 이것과 저것 사이에서 나타나는 격차는 불만족의 원인이 된다. 그러나 타인이 나를 볼 때는 그렇지 않을 수 있다. 그들은 내 삶에 대한 어떠한 욕망도 없다. 단지 나타나는 현상만을 볼 뿐이다. 욕망을 제거하고 보는 시선이야말로 가장 객관적일 수 있다.

그들은 내 삶을 뭐라고 말할까? 나보다 못하다고 생각하는 사람은 부러워할 것이고 나보다 낫다고 생각하는 사람은 불쌍히 여길 것이다. 내가 하고 있는 일과 내가 갖고 있는 것들을 아직 성취하지 못한 사람은 부러워할 것이고 그것을 이미 가졌고 더 나은 것을 갖고 있다고 생각하는 사람은 하찮게 보일 것이다. 내 삶은 하나인데 이렇게 보는 사람의 시각에 따라 전혀 다르게 느끼는 것이다.

삶을 바꾸려 하지 말고 삶을 보는 시각을 바꿔보자. 생각은 항상 상대적이다. 가진 자와 못가진 자, 이미 이룬 자와 아직 도달하지 못한 자. 내가 이것을 갖기 전까지는 그것을 갖기만 한다면 행복할 것으로 믿어 의심치 않았다. 그러나 막상 그것을 갖고 나니 행복감 보다는 권태감이 밀려온다. 내가 가지고 있는 것이 얼마나 소중한지 알기 위해서는 그것을 잃었을 때 얼마나 큰 상실감을 느낄지 상상해 보면 된다. 이미 주워졌기 때문에 그것은 하찮게 여겨진다. 하지만 그것을 얻기 위해서 얼마나 많은 시간과 노력을 기울였는지 되짚어 보면 그 값어치는 분명해 진다.

삶을 그대로 놔두고 내 생각의 자리를 바꿔본다. 일이 없을 때는 그 일이 많아지기를 얼마나 고대했던가? 그러나 일이 많아지니 몸이 고되고, 힘든 만큼 이 일에서 벗어나고자 하는 욕망은 커져만 간다. 하지만 내 의지와 상관없이 나는 나이가 들 것이고 언젠가는 그 일을 하지 못할 시기가 다가올 것이다. 그 때는 아무리 일을 하고 싶어도 할 수 없는 지경에 이를 것이다. 그 때가 되면 일할 수 있는 그 시간이 얼마나 소중했는지 깨닫게 될 것이다.

    우리는 늘상 이런 과정을 되풀이 한다. 현재가 내게 주워졌을 때는 가볍게 여기고 그것이 사라지고 난 다음에야 그것을 그리워한다. 그러니 언제나 불만족하며 살게 된다. 지금 이 자리는 과거의 내가 그토록 간절히 바랐던 그곳이 될 것이다. 동시에 미래의 내가 간직하고 싶어 할 추억이다. 이렇게 내 삶을 보기 시작하면 현재는 바꿔야 할 무엇이 아니라 지금 이대로 가야할 길(道)이 된다.

공부

공부는 무언가를 배우는 것이다. 학교에서 배운다는 것은 지식을 습득하는 것이고 그것은 암기로 통한다. 그러나 그것은 공부의 한 측면일 뿐이다. 교실에서의 공부다. 오히려 공부는 삶에서 깨닫는 것이다. 오늘 한 가지를 깨달았다면 그것은 하나를 배운 것이다. 하나도 깨닫지 못했다면 아무것도 배우지 못한 것이다. 배움이 없는 학교생활이 무의미하듯 배움이 없는 인생도 무의미하다. 아무리 오래 살아도 아무것도 깨닫지 못했다면 하루를 산 것과 같고, 하루를 살아도 깊이 깨달았다면 오래 산 것이나 다름이 없다. 그랬기 때문에 공자는 "朝聞道, 夕死可矣."라 하지 않았을까?

교실에서 책으로 공부하는 것은 이 깨달음의 기술을 습득하는 과정이라고 볼 수 있다. 실전이기 보다는 연습이다. 조금만 생각해 보면 과거의 사람들이 현대인보다 더 현명하였음을 발견할 수 있다. 현대인들이 더 똑똑해졌을지는 모르지만 더 많이 깨닫지는 못하는 것 같다. 현대인이 더 똑똑하다면 왜 예수, 부처, 공자, 소크라테스, 노자와 같은 성인들이 더 이상 나오지 않는 것일까? 우리는 책에서 배울 뿐 삶에서 배우지는 않기 때문이다.

확실히 현대인들이 과거의 사람들보다 더 많이 알기는 한다. 우리는 과학적 근거를 더 명확히 알고 우주를 탐험했으며 태양과 별들의 운동 과정을 분명히 보고 있다. 그러나 이런 지식들은 교과서적인 것으로 우리 삶에 아무런 영향을 미치지 못하고 있다. 학교에서 배운 지식으로 삶을 관찰할 때 비로소 살아 생명력 있는 앎이 될 수 있다.

오늘의 깨달음.

게으르게 태어난 사람이 부지런하기 힘들고, 부지런하게 태어난 사람이 게으르기 힘들다. 더 많이가 더 좋다라고 믿는 사람들은 게으른 것이 무슨 죄악인 것처럼 생각한다. 하지만 우리 인간은 더 많이 움직일수록 자연을 더 많이 파괴하게 된다. 무엇인가를 파괴하는 것은 죄악이다. 그러므로 인간은 더 조금 움직이는 것이, 즉 게으른 것이 이러한 죄악을 피할 수 있는 유일한 방법이다.

하지만 이미 쏘아놓은 화살을 되돌릴 수 없듯이 부지런히 움직이는 현대인들을 멈출 수 없다. 여기서 우리가 내 놓을 수 있는 해결책은 더 부지런하지 않으려고 하는 노력뿐이다. 부지런한 것이 좋은 것이 아니고 게으른 것이 나쁜 것이 아니다.

자다가 문득 깨달은 것이다. 오늘 하루는 이러한 깨달음에 이르게 되었다. 오늘 하나를 배웠다. 하지만 이 배움은 영원한 것은 아닐 것이다. 내일은 또 다른 깨달음에 접근하게 될 수도 있다. 매일 매일 이렇게 배우다 보면 언젠가는 인생의 진리에 도달할 수 있지나 않을까 기대하게 된다.

삶은 습관의 산물이다

내가 어떤 생각을 한다고 하더라도 그것이 실현되지는 않는다. 내 몸을 일으키는데도 엄청난 노력을 기울여야 한다. 그럼에도 불구하고 나는 타인을 고치려고 애를 쓴다. 왜 내가 아닌 타인을 바꾸려고 하는가? 나는 내 마음에 쏙 들게 살고 있는가? 아무리 생각해도 나도 내 맘에 들지 않는다. 스스로도 자기 맘에 들게 살지 못하는 인생인데 자꾸만 타인의 삶에 관여한다는 것이 어쩐지 아이러니하기만 하다.

나는 다만 내 인생을 살 따름이다. 나만의 드라마이다. 이 극에서 타인은 조연으로 출연한다. 그런데 우리는 주연이 아닌 조연에 자꾸 마음을 빼앗긴다. 그렇게 되면 극을 제대로 이해할 수 없게 된다.

삶은 나를 중심으로 봐야 한다. 그것은 이기적인 삶이라는 것과는 다른 것이다. 이기주의를 자기 이익을 중심에 두는 삶이라고 한다면 주연 중심적 삶이란 관찰의 대상을 자기 자신으로 옮기는 것을 의미한다. 나는 나를 가졌기 때문에 가지지 못한 타인으로 눈을 돌린다. 가장 쉬운 문제는 이미 답을 알고 있는 문제이고 내가 가지고 있는 것은 가장 하찮은 것처럼 느껴진다. 하지만 내가 타인의 삶을 가졌다고 하더라도 그것은 똑같은 공식으로 들어가 버린다. 타인은 다시 내가 되고 나는 내가 가진 삶이 만족스럽지 않게 되는 것이다. 그렇게 끊임없이 유목생활을 하다가 삶을 마감하게 된다.

다시 나에게로 돌아온다. 나는 끊임없이 글을 쓰고 싶었고 이 순간에도 글을 쓰고 있다. 그런데 이 글은 내가 생각하는 대로 잘 써지지가 않는다. 내 생각은 A인데 글은 A-로 써지고 있다. 생각과 행동이 불일치하는 명백한 증거이다. 수 없이 많은 충고들이 있는데 그 사람은 막상 자기 충고대로 살지 못한다.

어른들은 아이들에게 무엇을 해야 한다고 강요한다. 그것은 자기가 이루지 못한 꿈이다. 만약 그것이 그렇게 좋다면 왜 스스로는 그것을 하지 못하고 있느냐고 반문할 수 있다. '나는 이미 나이가 들어서 그렇게 못하는 것뿐이다. 젊어서 그렇게 해야 늙어서 후회하지 않는다.'등등의 조언들은 난무한다. 하지만 지금 이 순간이 내가 살 수 있는 가장 젊은 날이고 아무리 늙어도 마음만은 청춘이라는 점을 감안할 때 자기 자신의 조언대로 살지 말아야 할 이유는 존재하지 않는다.

그러므로 누군가에게 조언을 가하기 전에 스스로 그 말대로 살고 있는지 살펴볼 따름이다. 생각은 수시로 변한다. 그것은 마치 공기의 흐름과 같다. 평온한 아침, 잔잔한 분위기는 사람들이 활동을 시작하고 내 주위로 많은 사건들이 벌어지면서 평정심은 흐트러진다. 나는 그것을 바로 잡기 위해서 안간힘을 쓰지만 어쩌면 그 풍랑에 휩쓸릴지도 모른다는 두려움에 떨게 된다.

가끔은 화산이 분출하듯 화가 폭발한다. 그리고 그 잔해들을 보면서 후회를 한다. 이것이 우리가 만들어 놓은 삶의 지형이다. 그것은 결코 드넓은 평야처럼 평평하지 않다. 산이 있고 계곡이 있다. 그 풍경을 보면서 아무런 느낌이 없다면 그 삶은 헛된 것이다.

나는 생각이라는 것이 어떤 역할을 하는 것일까 고민을 해왔다. 나는 생각대로 살 수 있는가? 나는 생각이 내 삶을 이끌고 있다고 믿어왔다. 하지만 현상은 전혀 그렇지 않다. 생각 같아서는 이 부조리한 삶을 싹 다 갈아엎고 싶지만 그것은 내 생각대로 되지 않는다.

나는 습관에 의해 살고 있다. 습관적으로 말하고, 입고, 먹고, 자고, 생활한다. 이 모든 것에서 생각이 비집고 들어갈 곳은 그리 많지 않다. 매 순간 생각하려고 하지만 그것은 너무나 피곤한 일이다. 내 생각대로 한다고 해서 그것이 진정으로 올바른 방향인지도 명확하지 않다. 모든 것이 불명확한 상태에서 구태여 내 생각을 고집할 어떤 이유도 없는 것이다.

생각대로 하려고 너무 애쓰지 마라. 삶은 다 거기서 거기다. 그렇다면 내 생각의 에너지를 어디로 돌려야 할 것인가? 예술가는 자연을 모티브로 작품을 만든다. 일반인이라면 발견하지 못했을 아름다움을 극대화시켜서 감동을 선사한다. 우리가 우리 자신의 삶 보다는 드라마나 영화를 더 재미있게 느끼는 것은 수많은 생략 때문이다. 우리들 삶에는 화면에서 보여 지는 것 이외의 잡다한 말과 행동이 난무하다. 그러한 쓸데없다고 생각되는 행위들 때문에 우리 삶은 지루하게 느껴진다.

영화에서는 주인공이 무슨 말을 하면 완벽하게 준비된 상황처럼 척척 나타나게 된다. 액션 영화에서는 주인공이 뛰어 내리면 그를 받쳐줄 완충장치가 기다리고 있다. 그는 그것을 믿고 뛸 수 있는 것이다. 총을 아무리 많이 쏴도 그가 필요할 때는 항상 탄창에 총알이 보충된다. 그리고 탄창을 빼면 드디어 총알이 떨어지게 되는 것이다. 이렇게 우리가 보는 영화의 장면들은 완벽하게 준비된 것이다. 하지만 우리의 삶은 준비 없이 그야말로 생(live)으로 나간다. 그러니 서툴고 불필요하다고 생각되는 행동들이 끼어들게 된다.

우리의 삶을 동영상으로 찍어 놓고 재생해 보면 그렇게 부자연스러울 수가 없다. 자연스러운 것은 자연스럽지 않다. 오히려 연출된 장면이 훨씬 자연스럽게 보인다. 연기자는 자연스러운 것을 모방하려고 하지만 우리의 일상생활은 전혀 자연스럽지 않게 느껴지는 것이다.

이처럼 우리는 자극적이고 인공적인 것들에 중독되어 있는 샘이다. 내 삶이 왜 밋밋하고 지루한가? 그것은 가공되지 않았고 생략되지 않았기 때문이다. 자기 삶을 돌아보면 일상적인 부분은 잊어버리고 특별한 순간만 기억하고 있다는 점을 깨닫게 된다. 이렇게 사건 중심으로 자기 삶을 압축하게 되면 그 어떤 드라마 못지않은 흥미를 느끼게 된다. 그러나 더욱 생동감 있는 삶이란 그렇게 버려진 세세한 삶 속에서 더욱 진하게 느낄 수 있는 것이다.

내가 지워버린 그 삶이 없었다면 내가 기억하는 삶이란 존재하지 않게 된다. 영화처럼 50년을 2시간으로 만들지 말자. 시간은 모든 사람이 동일하게 느끼지는 않는다. 인생의 길이도 마찬가지다. 내 삶이 짧아지는 것은 누가 내 수명을 단축해서가 아니다. 스스로가 그것을 삭제함으로써 짧아지는 것이다.

삶은 읽는 것과 쓰는 것이다

여기 책 두 권이 있다. 한 권은 대 문호가 내 상황에 딱 맞게 써 놓은 에세이 같은 소설이고 다른 한 권은 아무것도 써지지 않은 백지다. 이 두 권 중에 어떤 것을 선택하겠는가? 대다수의 사람들은 대 문호가 써준 책을 선택할 것이다. 그것은 재밌기도 하고 또 한편으로는 소장 가치도 있기 때문이다. 그러나 백지인 책은 내가 글을 써야만 하기 때문에 부담감도 크고 그것을 다 쓴다고 하더라도 제대로 된 책이 되리라는 희망을 갖기 힘들다.

여기에 인생을 바라보는 두 가지 관점이 있다. 하나는 이미 써진 책처럼 운명에 의한 삶이고 또 하나는 스스로가 그것을 만들어 간다는 백지 같은 삶이다. 백지라고 생각하는 사람은 그것에 무엇을 써야할지 고민하면서 살아야하고 완성된 책이라고 생각하는 사람은 그 책을 잘 읽어야 한다는 의무감을 가지고 살아야 한다. 어떻게 생각하든 그것이 쉽지 않다는 점은 분명하다.

백지에 글을 쓰기로 작정한 사람은 자기 삶을 어떻게 그려갈지 청사진부터 잘 그려야 한다. 무작정 글을 쓰다가는 두서없는 졸필이 되기 쉽다. 내가 아침에 습작으로 쓴 글도 대부분이 아무런 생각도 없이 끄적거리는 수준이어서 도저히 읽어줄 수가 없다. 누가 읽기 전에 빨리 지워버리고 싶은 심정이다.

하지만 한 번 써진 글은 지우기가 힘들다. 그것이 어쨌든 내 머릿속에서 나온 것이고 그것을 단초로 다른 글들이 써질 수 있기도 하고, 또 그 글도 또한 내 인생의 일부분이기 때문이다. 한 번 뱉은 말은 어느 마음 밭에 심겨서 싹을 틔우고 열매를 맺는다. 어떤 식으로든 그것은 자라게 되어있다. 글이라는 것이 그렇다. 그렇다면 그 글을 함부로 쓰는 것은 망설여지지 않을 수 없다.

글을 쓰는 편보다는 읽는 편이 조금 더 수월하게 느껴지기도 한다. 특히 그 짜임새가 완벽하고 내용도 풍부한 대 문호의 책이라면 더욱 기대감을 갖고 달려들어 읽고 싶어진다. 내 삶이 이 책의 내용이다. 하루하루를 살면서 나는 그 내용을 읽어갈 수 있다. 여기서 단점은 오늘 주어진 일상 이상의 내용은 알 수 없다는 점이다. 우리가 미래라고 생각하는 것은 아직 넘기지 않은 책장이다. 오늘이라는 책장을 읽다보면 내일이라는 책장도 궁금해진다. 하지만 오늘을 읽지 않고 무심코 넘기는 사람은 당연히 내일에 대한 흥미도 없을 것이다.

어쨌든 인생을 다 살고 나서는 그것이 책이 되어 있다는 것은 동일하다. 무계획적으로 살거나 아무 생각 없이 허송세월을 보낸 사람은 그 책의 값어치는 형편없게 만드는 것이다.

    내 삶을 되돌아본다. 나는 그것을 직접 쓸 것인가? 아니면 읽을 것인가? 둘 중에 어느 하나라도 제대로 하고 싶다.

마음

공을 막대기로 쳐서 멀리 보내는 것이 정말 대단한 일일까? 그냥 아무도 보지 않는 곳에서 하는 그런 행동들은 아무런 의미도 없을 것이다. 하지만 많은 대중이 좋아한다면 대중은 그로 인해 환호성을 지를 것이고 그 사람은 그 순간만큼은 대단한 일을 한 것이 된다. 그 행위 자체는 대단한 것이 아니다. 하지만 사람들이 주목하게 되면 그것은 단번에 대단한 일이 되는 것이다.

이 세상에서 일어나는 일들이 다 이런 식이다. 누군가에게 보여지기 전까지 그리고 그것이 더 많은 사람에게 드러나기 전까지는 아무런 이슈가 되지 못하다가 사람들이 관심을 갖게 되면서 더 훌륭한 것이 되기도 하고 더 흉악한 것이 되기도 한다. 가만 생각해 보면 어떤 행위든 그 자체로 특별할 것은 없다. 다만 얼마나 많은 사람들이 그것을 어떻게 보느냐가 중요해지는 것이다.

인간은 사회적 동물이라는 말이 딱 맞는 표현이다. 사람 개개인은 별다른 힘을 갖지 못한다. 하지만 사람이 모이기 시작하면 그만큼 더 큰 힘이 되고 어떤 것의 현상 자체를 바꿀 수도 있게 된다.

다시 본질로 되돌아가 보자. 공을 막대기로 쳐서 멀리 보내는 것은 대단한 일인가? 그것은 전혀 대단한 일이 아니라고 나는 생각한다. 그것은 그저 한 사람의 오락거리나 될 따름이다. 그러나 많은 사람이 그 모습을 좋아한다면 대단한 일이 되는가? 그 행위가 대중에게 큰 파급력을 행사한다는 점에서 대단한 일이 될 것이다. 그러므로 대단한 일인지 아닌지는 그 행위 자체가 아니라 대중의 인식이 어떻게 형성되느냐에 달려있다. 대단한 사람이 되고 싶은가? 그렇다면 내가 좋아하는 일이 아니라 대중이 좋아하는 일을 해야만 할 것이다.

사람들은 자기 마음에 드는 행동을 좋아한다.

한 제자가 스승에게 찾아가 자신의 고통을 하소연 한다.

"스님 제 마음이 어지럽습니다."

스승은 제자에게 말한다.

"네 마음을 내놓아 보아라. 그러면 내가 그것을 치료해 주겠다."

한참 고민하던 제자는 대답한다.

"내 마음을 찾을 수 없습니다."

스승은 말한다.

"내가 네 마음을 치료해 주었다."

누구의 마음에 들기 위해서는 먼저 그것이 무엇인지 알아야 하겠지만 마음이라는 것이 어떤 것인지 정확하게 말할 수 있는 사람은 아마도 없을 것이다. 마음이 무엇인지도 모르는데 그것이 좋아하도록 행동할 방도는 없는 것이다. 마음은 갈대와 같다. 이리 저리 흔들린다. 금방 좋았다 나빴다를 반복한다. 어느 장단에 춤을 춰야할지 모르겠다. 이렇게 어지럽기 때문에 마음에 병이 생긴다.

한 사람의 마음, 그 중에서도 내 마음을 알아차리는데도 이렇게 힘든데 대중의 마음에 드는 것은 더 말할 나위가 없다. 금방 좋았다가 어느 순간 시들해 지기를 반복한다. 사람들의 마음에 들려면 시시각각 변하는 여론에 신경을 곤두세워야 한다. 하지만 그렇게 살다가는 본질인 자기 자신은 잃어버리고 타인의 눈에 비친 허수아비만 남게 될 것이다.

시류를 잘 타게 되면 내가 좋아하는 것을 타인도 좋아하게 된다. 하지만 시류를 잘 못 타게 되면 내가 좋아하는 것을 타인들은 싫어하게 되는 것이다. 내가 그 흐름을 만들 수는 없는 노릇이다. 설혹 만들었다 하더라도 그것이 내게 좋은 방향으로 흘러갈지도 확신할 수가 없다.

중요한 것은 누가 나를 좋아해 주느냐 하는 것이 아니다. 즉 내가 대단한 일을 하고 있느냐 하는 것이 아니라는 말이다. 사람들이 대단하다고 하는 것에는 자기 자신의 취향이 반영되어 있다. 자기가 좋아하는 일을 하고 있으면 대단하다고 추켜세우고 자기가 싫어하는 것을 하면 깎아내린다.

내 행위가 누군가의 눈에 좋게 비춰진다고 해서 그것이 좋은 것은 아니다. 반대로 나쁘게 평가받는다고 해서 반드시 나쁜 것도 아니다. 다른 사람의 눈에 비친 나의 행동이 아니라 실제로 그러한 자신의 모습을 반추하는 것이 좋다.

그 누구도 나를 올바르게 평가할 수 없다. 타인은 나를 온전히 알지 못하고 나는 타인의 눈에 비친 나를 알지 못한다. 그러므로 누가 나를 좋아하든 싫어하든 그것은 진실된 내가 될 수가 없다.

나는 그저 이 순간 존재했다 사라지는 하나의 깜빡임에 불과하다. 그 깜빡임이 아무리 길다고 하더라도 영원할 수는 없는 노릇이다. 그 빛이 꺼지기 전에, 암흑이 나를 삼키기 전에 나의 빛을 보고, 그 빛을 깨달으려는 노력이 필요하다.

경청

나는 내가 하고픈 이야기만 늘어놓을 뿐 다른 사람의 말을 귀 기울여 듣지 않는다. 그러니 다른 사람도 내 이야기를 귀담아 듣지 않는다. 이렇게 우리는 서로의 말만 늘어놓을 뿐 듣지 않는 것이다. 말잔치가 벌어졌는데 아무도 그 말들을 담아가지 않는다.

아무도 거둬들이지 않은, 내 앞에 쌓인 말들을 보면서 허무한 생각이 든다. 아무도 듣지 않는 말을 해야만 하는 것일까? 입을 다문다. 하지 말아야 할 말을 너무 많이 한 기분이다. 정말 필요한 말은 하지 않아도 다 아는 말이다. 하지 않아도 아는데 구태여 말할 필요가 없다.

이심전심이 되어야 그 말이 정확히 전달된다. 오래 함께 생활하다보면 이심전심이 된다. 척하면 척이다. 이렇게 하지 않으면 말에 왜곡이 생긴다. 내가 말한 의도는 그것이 아닌데 전혀 다른 의미로 해석한다. 그러니 말을 하는 것이 오히려 소통에 방해가 된다.

정치인들이 하는 말은 중요한 말인 것 같지만 그 말을 곱씹어 보면 하나마나 한 말인 경우가 많다. 다 자기 잘난 맛에 말을 하는 것이다. 그 내용은 빈약하고 껍데기만 호화롭다. 막 뭔가를 던지는 것 같은데 받아보면 속빈 강정이다.

 우리에게 정말 필요한 말은 무엇인가? 옳은 말이나 사실을 지적하는 말이 아니라 내 말에 공감해 주는 말이다. 우리는 조언을 구하지만 실상은 자신의 말에 동조해 주기를 희망한다. 그러니 좀 더 성실히 귀 기울여 듣고 좀 덜 말해야 한다. 극도로 절제된 말이야말로 사람의 마음을 움직인다.

연습량

어떤 것을 잘하려면 그것을 많이 해봐야 한다. 훌륭한 선수는 연습량이 다른 선수에 비해 월등히 많다. 홈런을 치기 위해서는 배트를 많이 휘둘러야 하고 골을 잘 넣기 위해서는 공을 그만큼 많이 차야 한다. 생활이 곧 그 운동인 선수들이 있다. 그렇게 할 때 자기에게 능력이 장착되는 것이다. 생각만 가지고 있다고 해서 능력을 가질 수는 없다.

나는 글을 잘 쓰고 싶다. 그렇기 때문에 시간이 날 때마다 글을 쓴다. 그러나 더 잘하고 싶다면 시간이 날 때 글을 쓰는 것이 아니라 매 순간 언제 어디서나 글을 써야 한다. 하지만 나는 아직까지는 그렇게까지 훈련에 임하지 못하고 있다. 그러니 내 글이 이 상태에서 답보하고 있는 것이 당연한 것이다.

어제는 포루투갈에서 온 잼버리 대원들을 배웅했다. 우리 마을에서 3박 4일이라는 긴 시간을 보냈다. 우리가 소통할 수 있는 방법은 영어밖에 없다. 물론 그들 중 한명은 한국말을 겨우 몇 마디 할 수 있었고 우리들 중 한 명은 포루투갈어를 몇 마디 할 수 있었다. 그러나 그것은 의사소통이라고 할 수 없다. 영어로 말을 해야 하는데 내 생각을 정확히 전달할 수 없다는 한계에 부딪친다. 잼버리 대원 중 대학에서 동양문화를 전공하는 학생이 있었다. 나는 그를 붙들고 한국과 일본의 관계에 대해서 설명하려고 했다. 일본은 조선을 침략해서 한국의 무수한 역사적 사료들을 불사르고 우리에게 남긴 역사책은 달랑 삼국사기와 삼국유사 두 권이다. 이 책들은 사대주의로 찌든 책이고 조선의 유구한 역사를 제대로 설명하지 못한다. 한국의 역사는 단군 조선으로부터 시작된다. 여기에서 고구려, 백제, 신라가 나온다. 이런 이야기들을 들려주고 싶었지만 짧은 영어실력으로 인해 나는 간신히 어리숙하게 말하고 말았다. 이런 내가 너무나 답답했다. 영어 공부를 다시 해야겠다고 다짐한다. 그런데 어디서부터 어떻게 시작해야할지 막막하다. 그러다가 많이 하는 것이 최선이라는 생각에 도달한다. 그 시간으로부터 나는 영어 문장을 말하기 시작했다.

    말은 혀와 입술의 운동으로 만들어진다. 그런데 혀와 입술도 근육이므로 발달하는 부위와 퇴화하는 부위가 있기 마련이다. 우리 몸이 일상생활을 하는 동안 발달하는 근육이 있고 퇴화하는 근육이 있는 것과 마찬가지다. 그것을 풀어주기 위해서 요가도 하고 운동도 하는 것이다. 내 혀를 영어에 맞게 풀어주기 위해서는 영어를 많이 말해야 한다. 그럼에도 불구하고 학교나 학원에서는 영어 시간임에도 영어로 말하기 보다는 한국말을 더 많이 사용한다. 그러니 영어로 말하는 근육이 발달할 수가 없다. 원어민과 수업을 하던 한국인과 수업을 하던 그것은 중요하지 않다. 다만 얼마나 많이 오랫동안 영어를 반복할 수 있느냐가 관건이다.

유튜브에서 동영상을 찾아 재생한다. 아주 간단한 말들이다. 나는 그 말을 따라한다. 저 사람이 한 번 말할 때 나는 두세 번 반복한다. 나에게는 시간이 많지 않으므로 같은 시간에 더 많이 하는 것이 유리하다. 말을 따라하는 것은 움직이면서도 실천할 수 있다. 그런 측면에서 더 유용한 방법이다. 공부라고 하면 책상에 앉아 읽고 쓰면서 하는 것을 상상하지만 말은 책과 공책이 필요 없다. 다만 듣고 말하면 된다. 얼마나 많이 듣고 말하느냐가 중요한 과제다.

어제 시작한 것이기 때문에 얼마나 큰 효과를 낼지는 아직 미지수이다. 하지만 내 혀는 약간 얼얼한 느낌이다. 시간이 날 때마다 나는 이 훈련을 반복할 것이다. 아니 시간을 내서 그것을 단련할 것이다. 그러면 어떤 결과가 날지 지금부터 너무 기대가 된다.

무엇을 잘하고 싶다면 지금 당장 그것을 하라. 생각만 하고 실행하지 않는다면, 연습하지 않는다면 아무리 시간이 많이 지난다고 하더라도 그것은 자기 능력이 되지 않는다. 글을 잘 쓰고 싶다면 글을 쓰고, 말을 잘하고 싶다면 말을 하면 된다.

처음 하는 사람은 방법을 몰라 당황한다. 그래서 전문가를 찾아가지만 그들도 뾰족한 수가 없기는 마찬가지다. 하다보면 방법이 나오고 스스로 터득하게 된다. 독서교육을 받으면서 책을 읽어야 한다는 동기부여는 충분히 해 주는데 어떻게 해야 한다는 것은 가르치지 않는다는 점이 매우 불만이었다. 그래서 스스로 그 방법을 찾아야만 했다. 독서교육에 관한 책들을 읽으면 읽을수록 그것에 대한 갈증은 더 심해지기만 했다. 그것들은 책을 왜 읽어야 하는가에 대해서만 강조할 뿐 어떻게 하라는 것은 명확하게 설명하지 못했다. 그래서 나는 스스로 간단한 이론을 만들었다.

모든 글에는 핵심과 설명이 있다. 글을 이해했다는 것은 핵심과 설명을 연결할 수 있는 상태이다. 일반적으로 학교나 학원에서는 핵심을 중심으로 가르친다. 하지만 그렇게 해서는 글을 정확히 이해할 수 없다. 핵심을 이해시키기 위해서 설명을 붙이는 것이기 때문이다. 설명이 없어도 이해할 수 있다면 구태여 그것을 더할 이유가 없는 것이다. 그러므로 설명 없는 핵심은 건조하고, 핵심 없는 설명은 공허하다. 이 둘은 떼려야 뗄 수 없는 불가분의 관계이다. 그러나 이 간단한 이론을 알았다고 해서 책을 잘 읽을 수 있는 것은 아니다. 이것은 단지 이론에 불과하다. 그렇다면 독서를 잘하려면 어떻게 해야 할까? 어쨌든 읽어야 한다. 읽어야 읽는 기술에 발전이 있다. 읽지 않고 어떻게 하면 잘 읽을까 고민만 한다면 절대로 잘 읽을 수가 없다. 한 순간이라도 손에서 책을 놓지 말고 짬 시간이 날 때마다 그것을 들춰봐야 한다. 책을 이해할 수 있는가 하는 것은 차후의 문제이다. 읽을 수도 없는데 그것을 이해하려고 하는 것은 아직 걷지도 못하는 아기가 뛰려고 달려드는 것과 같다. 너무 성급하게 생각하지 말고, 마음의 여유를 가지고 오늘 한발자국씩 내딛다 보면 어느새 뛰고 있는 나를 발견하게 될 것이다.

  양은 질을 담보한다. 적은 양에서 좋은 질을 찾기는 힘들다. 그러나 양이 많아지면 그만큼 고품질을 찾아낼 수 있는 확률이 높아진다. 모든 것은 확률게임이다. 그물을 넓게 치면 고기가 많이 잡힐 확률이 높아진다.

  무엇을 잘 하고 싶다면 일단 그것을 많이 해보는 편이 좋다. 오래된 전문의를 찾는 것은 그가 특별한 기술을 가지고 있어서가 아니라 오래된 만큼 많은 시행착오를 겪었을 것이고 고품질의 기술을 발휘할 것으로 기대하기 때문이다. 그것이 기술의 질을 결정하는 요인이다.

> 무엇을 하느냐에서
> 　　무엇을 느끼느냐로 옮겨간다.

　　인공지능 시대에 인간이 무엇을 할 수 있을 것인가에 대한 의견이 분분하다. 인간만의 영역이라고 생각했던 창작분야까지 인공지능이 접수함으로써 더 이상 인간의 절대 우위 분야는 찾기 힘들 것 같다. 인간이 할 수 있다면 인공지능은 더 잘 할 수 있다. 심지어 거짓말도 잘 한다. 있지도 않은 이야기를 사실보다 더 진실되게 말한다. 즉, 사기를 칠 수도 있다는 말이다. 이렇게 광범위하게 인간의 영역을 침범해 오는 인공지능에게 우리는 참으로 나약한 모습을 보인다. 아무리 똑똑한 사람일지라도 인공지능을 대항할 수 없다. 인간은 피곤하면 쉬어야 하고 자기 능력을 뛰어넘는 일이라면 포기할 수밖에 없다. 하지만 인공지능에게는 그 한계라는 것이 존재하지 않는 듯이 보인다.
　　우리는 과거라면 할 수 없을 것이라고 생각했던 일을 하고, 존재할 수 없는 것처럼 여기던 일을 보고 있다. 우리는 뭐든 하고자 한다면 다 할 수 있을 정도의 기술을 소유하게 되었다. 인간이 하지 못한다면 인공지능을 대신 시킬 수 있다. 인간이 우주 끝까지 날아가는 것은 불가능하다. 인간은 가는 동안 죽을 것이고, 혹여 생존하여 우주로 날아간다고 하더라도 그 환경에 적응하느라 다른 것을 할 수가 없게 될 것이다. 그리고 지구로 돌아왔을 때 신체적 변화 또한 극심할 것이다. 그러나 인공지능은 인간을 대신해서 이러한 인간으로서는 불가능한 업무를 훌륭하게 처리한다. 우리가 원하는 것을 얻기 위해 위험을 무릅쓰고 우리가 직접 나설 이유는 없다. 단지 우리는 그것에서 풍부한 느낌을 얻으면 된다.

음식을 아무리 많이 먹는다고 하더라도 그 맛을 느끼지 못한다면 산해진미가 무의미해질 것이다. 살을 찌우기 위해서 먹는 것이 아니라면 이런 행동은 가급적 피해야 한다. 무미건조한 것은 인간의 삶을 척박하게 만든다. 여기에서 중요한 것은 무엇을 먹느냐가 아니라 어떻게 느끼느냐이다.

인공지능이 인간이 하는 모든 일을 대신해 줄 수 있을지 몰라도 내가 느끼는 것까지 대신할 수는 없다. 어떤 행동은 동일할지라도 느낌은 각자가 다 다르다. 그 느낌은 독창적이고 세상에 단 하나뿐인 유일무이한 것이다. 사람들은 이런 희소성에 더 많은 가치를 부여한다. 금은보화가 귀한 이유는 흔하지 않기 때문이다. 만약 산의 돌들이 모두 금이라면 오히려 귀찮을지도 모른다. 그것이 햇빛을 반사시켜 눈이 부시게 만들기 때문이다.

무엇을 하느냐가 아니라 어떻게 느끼느냐에 집중해본다. 겨우 몇 십 년 전만 하더라도 내가 사는 이런 공간은 부귀영화를 누리는 상징처럼 느껴졌을 것이다. 각 가정에는 자동차가 몇 대씩 있고 냉장고에는 먹을 것들이 가득 차 있다. 어디든 맘만 먹으면 지금이라도 갈 수 있는 여력이 있다.

우리집 옆에는 6~70년대에 멈춘 듯한 집이 있다. 90이 넘은 할아버지는 아직도 그곳에서 소를 키우고 있다. 자녀들은 왜 그렇게 사시느냐고 타박을 하겠지만 그곳에 사는 본인은 불편함을 전혀 느끼지 못하는 눈치다. 그도 그럴 것이 소를 키우지 않으면 자기가 죽을 것이라고 생각하는 것이다. 소를 친 자식보다 더 소중하게 대한다. 송아지가 아프면 안방으로 데려가 먹이고 재운다. 그러니 소들이 할아버지를 따르지 않을 도리가 없는 것이다. 일반인의 눈에는 아주 이상한 행동이지만 자신에게는 그보다 더 의미 있는 일은 없다.

나는 이렇게 50년 전과 비교하며 내 삶을 돌아본다. 인간은 망각의 동물이다. 조금 전까지 어떤 상태였는지를 까마득하게 잊어버리고 현재의 모습이 마치 과거에도 그랬던 것처럼 착각하며 산다. 나는 처음부터 이런 상태가 아니었다. 우리의 삶은 아주 형편없어서 살기 위해 먹을 것을 걱정해야만 했다. 하지만 현대 사회에서 죽지 않기 위해 먹는 사람은 거의 없을 것이다. 과거 그 어떤 시절에도 이만큼 부유하게 살아본 적은 한 번도 없었다. 그럼에도 우리는 그것에 만족하지 못하고 더 많은 것을 요구하고 있다. 앞으로도 우리는 더 많은 것을 얻게 될 것이고 과거에는 하지 못했던 것들을 영위하며 살게 될 것이다. 어쩌면 우주여행을 할 수도 있지 않을까 기대하고 있다. 인간의 수명은 100세를 넘어서 죽지 않는 방법을 연구하고 있다. 노화는 질병이고 질병은 고칠 수 있다는 논리로 접근하고 있다. 하지만 이렇게 풍요로운 사회에 산다고 하더라도 오히려 그 느낌이 미미하다면 그가 사는 세상은 무미건조한 것이 된다. 사람을 죽이는 것은 질병이기보다 자기가 아무것도 아니라는 고독감이다.

    밥 냄새가 난다. 바람은 살랑 살랑 불어와 내 피부를 스치고 지나간다. 어떤 실크가 이보다 더 부드러울 수 있을까? 풀벌레와 새들은 연신 소리를 지르고 있다. 그 의미를 알 수만 있다면 내 느낌은 더 풍요로워질 것이다. 하지만 나는 그것에서 오는 막연한 느낌에 멈출 수밖에 없다. 산의 초록과 하늘의 푸르름은 가을을 물씬 느끼기에 부족함이 없다. 어쩌면 이런 계절도 더 이상 느낄 수 없을지도 모른다. 지구 온난화는 지구 전체를 온대 기후로 바꿀 수 있다. 그런 의미에서 오늘의 이 느낌은 평생 다시없을 것이다. 우리가 죽음을 두려워하는 것은 그들을 다시는 볼 수 없다는 생각 때문이다. 오늘의 나는 다시 볼 수 없다. 그런 의미에서 오늘의 나는 죽은 것이다. 나는 매일 죽는다. 그리고 다시 태어난다. 새로운 생명이다.

> "그러므로 내일 일을 위하여 염려하지 말라. 내일 일은 내일이 염려할 것이요 한 날의 괴로움은 그 날로 족하니라."[3]

나는 이 말을 늘 되새긴다. 하지만 너무 잘 잊어버린다. 걱정이 너무 많다. 걱정하느라 오늘을 맘껏 살지 못한다. 오늘 피었다 내일 지는 꽃이라도 그날의 아름다움은 말로 형언할 길이 없다. 하물며 나의 삶이야 어떠할 것인가. 내가 나로 사는 것도 오늘이 마지막이라면 그것이 애틋하지 않을 수 없다. 무엇을 하든 그것은 과거에 없던 것이다. 그것을 맘껏 누리지 못할 이유가 없다.

부산 촌놈이라는 프로그램을 본 적이 있다. 연예인들은 카페와 농장에서 일을 하고 있다. 그들은 그것이 처음 하는 것이라 익숙하지 않다. 타박도 받고 힘들기도 해서 집에 돌아가면 녹초

---

3) 대한성서공회, 『개역개정 성경』, 마태 6:34

가 된다. 아무것도 하고 싶지 않을 만도 한데 촬영 중이라 맘 편히 쉬지도 못한다. 그 일정이 길지 않아 다행이다 싶다.

가만 되돌아보면 나는 그들이 하고 있는 일을 지금도 하고 있다. 카페에서 일을 하고 있고 조금이나마 농사일을 돌보고 있다. 그러나 나는 나의 일상을 TV에서 보는 것처럼 재밌게 느끼지 못하고 있다. 그들과 나의 차이는 카메라가 지켜보고 있느냐 하는 점이다. 일상에서의 나를 봐줄 사람은 나 자신뿐이다. 타인의 관심을 끌기에는 내 삶이 너무 각박하다. 나는 나를 본다. 나는 오늘 무엇을 하였는가? 나는 그 속에서 어떤 느낌을 받았는가? 아무리 찾으려고 해도 그것의 실마리가 나타나지 않을 때 답답함은 배가 된다. 잘 느끼는 삶이야말로 위대한 삶이다.

결과가 과정을 대변할 수는 없다.

 길 것만 같던 여름이 끝나가고 가을로 접어들고 있다. 얼마 전 여름의 상징인 물놀이 페스티벌이 끝났다. 사람들은 더위를 식히기 위해 많이들 찾아왔다. 우리는 푸드트럭 운영자로 그 행사에 참여했다. 예전 같으면 7월 말에서 8월 중반까지 행사 기간을 잡았겠지만 올해는 어쩐 일인지 7월 중반에서부터 8월 초로 한 주가 당겨졌다. 최고 결정자의 지시사항이라고 했다. 하필 7월 말은 장마와 겹쳤다. 학생들은 아직 방학 전이었다. 그런 만큼 행사장에는 사람이 없어 썰렁했다. 행사에 참여하는 입장에서는 참 난감한 일이 아닐 수 없었다. 진행요원이 방문객보다 많은 날도 적지 않았다. 비가 오니 시원하기는 했지만 푸드트럭 매출은 형편없었다.
 우리는 인건비도 나오지 않을 것 같아 비 오는 날에는 운영을 하지 않기로 결정했다. 그렇게 2주가 지나갔다. 그리고 8월에 들어서면서 날은 너무나 뜨거워졌고 물놀이장은 그야말로 물 만난 물고기마냥 즐거운 놀이터가 되었다.
 비가 와서 장사를 하지 못하게 되었을 때 우리는 그러한 얼토당토않은 결정을 내린 사람을 탓했다. 하지만 시간이 지난 지금, 비록 의도치는 않았으나, 그 결정이 우리를 살렸음을 깨닫게 되었다. 아쿠아 페스티벌 기간은 세계 잼버리 대회와 겹쳐 있었다. 우리 마을은 잼버리 대원들을 맞이해야 하는 또 하나의 행사를 진행해야만 했다. 거기에 더해 8월 중반까지는 무더위가 기승이었다. 이런 날씨에 두 개의 야외행사를 동시에 진행한다는 것은 너무나 큰 부담이었다. 만약 아쿠아 페스티벌이 한주 늦게 시작되었다면 몸이 두 개라도 모자랄 형편이었다. 비가 오고 매출이 오르지 않았을 때는 그 결정이 원망스럽게 생각되었다가 삶의 전체 경로로 보니 나를 살려준 것 같아 고마운 마음이 들었다.

    자본주의 사회에서는 돈이면 뭐든 다 해결될 것처럼 여기지만 그 돈을 버는 과정에서 삶이 망가지고 괴로워진다는 점은 간과하는 것 같다. 나는 항상 어떤 일을 할 때 무엇을 위해서 하지 않으려고 노력한다. 일은 돈을 벌기 위해서, 공부는 취업하기 위해서, 운동은 선수가 되기 위해서 하는 것이 아니라고 생각한다. 일이, 공부가, 운동이 재밌어서 하는 것이다. 그 순간이 내 삶이고 마지막 날이라고 생각한다. 그런데 자꾸 무엇을 위해서 한다고 생각하면 그 행위는 하찮아지고 결과만 가져가려고 하는 습성이 발동한다. 그래서 내 생각은 자꾸 미래로 가고 현재에 머물지 못하는 것이다. 돈을 벌기 위한 수단으로서 아쿠아 페스티벌은 최악이었으나 삶의 경로로 보았을 때는 적절한 것이었다.

그 삶이 힘들고 팍팍해지는 것은 내가 예측한 결과를 이끌어 내지 못하기 때문이다. 하지만 그것 자체로 어떤 의미를 찾고 즐거움을 느낀다면 어떤 특별한 결과를 내지 못했다 하더라도 만족할 만한 것이 될 것이다.

우리는 부모가 되는 경험을 통해 비로소 어른이 된다.

아쿠아 페스티벌은 어린이들을 위한 행사라 해도 과언이 아니다. 그런 만큼 가족단위의 방문객이 많았다. 그 중에서도 아직 서너 살밖에 안 되어 보이는 아이들이 눈에 띈다. 너무 어린 아이들은 물속에서 혼자 놀기 위험하다. 그러니 부모는 꼼짝없이 아이를 지키는 파수꾼이 될 수밖에 없다. 엄마와 아빠는 돌려가며 아이를 돌본다. 그 모습을 보고 있자니 왠지 짠한 생각이 든다. 불과 몇 년 전만해도 스스로를 꾸미고 즐기기에 여념이 없었겠지만 부모가 된 지금은 자기 자신보다는 아이를 우선시하고 그를 위해서 자신의 쾌락은 잠시 미뤄두는 것이다. 한 여름이라 뙤약볕이 따가웠지만 물놀이를 하는 아이를 위해 자신은 기꺼이 파수꾼이 되고 있다.

인간은 이기적인 동물이라 누군가를 위해서 자신을 온전히 희생하기 힘들다. 그러나 부모는 자식을 위해서라면 자기 몸을 던져서 구해낼 준비태세가 된 사람이다. 이렇게 나 아닌 다른 객체를 위해서 살아보는 경험은 우리를 어린이에서 어른으로 성장시킨다.

　어른이라면 자고로 세상을 크게 보고 포용하는 능력이 있어야 한다. 신채호 선생님은 역사를 아(我)와 비아(非我)의 투쟁이라고 정의하였다. 여기서 아(我)는 단지 자기 자신만을 뜻하는 것은 아니다. 그것은 자기가 속한 집단으로 확장된다. 나와 너에서는 내가 아(我)가 되지만 한국과 일본에서는 한국이 아(我)가 되고 아시아와 유럽에서는 아시아가 아(我)가 된다. 지구인과 외계인에서는 지구인이 아(我)가 되는 것처럼 나는 끝없이 확장될 수 있다.

　어린이는 자기밖에 모른다. 그러나 어른이라면 나와 연관된 상황을 파악할 줄 알고 그에 적절히 대응하면서 나를 넓혀 나간다. 나를 확장시키는 데는 두 가지 방식이 있다. 첫째는 자기의 이익을 증가시키기 위한 수단으로서 타인을 이용하는 것이다. 그는 자기에게 이익이 될 때는 자기 몸처럼 아끼지만 손해가 된다고 판단되면 재고의 여지 없이 적이 되는 것이다.

　두 번째는 앞서 살펴본 부모 자식 간의 관계처럼 진정으로 자기 살붙이로 느끼고 이해하며 함께 가는 것이다. 우리나라에서는 이를 정(情)이라고 부른다. 이해는 나의 입장에서 상대방을 느껴보려는 노력이라면 정(情)은 온전히 그의 입장이 되어 그 고통과 즐거움을 함께하는 것이다. 우리는 정을 통해 공동체를 형성하려고 노력 한다.

공동체란 여럿이 하나가 되는 것을 의미한다. 한 사람은 여러 세포들과 기관들의 공동체이다. 팔, 다리, 몸통과 머리는 각자의 영역에서 '나'라고 하는 총체적 몸을 살리기 위해 최선을 다한다. 어느 것 하나 '나'는 '네'가 아니므로 '나'를 더 귀히 여기라고 주장하지 않는다. 어떤 기관이든 설혹 세끼 손가락 하나라도 그것이 없으면 온 몸이 불편해질 것이기 때문이다. 아무리 하찮게 여겨지는 것이라도 없어지면 그 귀중함을 깨닫게 된다.

사람들이 모여 사는 공동체도 마찬가지다. 아무 짝에도 쓸모없을 것처럼 보이는 사람일지라도 그 나름대로 공동체를 지탱하기 위해 그만의 노력을 기울이고 있는 것이다. 또한 그 사람이 사라지고 난 다음에야 우리는 그가 우리 공동체를 위해서 필요한 존재였음을 깨닫게 된다.

나와 너는 떨어져 있지만 보이지 않는 끈으로 묶여있다. 조금만 주의를 기울이면 너의 슬픔이 나의 슬픔이 되고 너의 기쁨이 나의 기쁨이 되는 순간을 보게 될 것이다.

모든 종교는 너와 나의 경계가 허물어지는 것을 추구하였다. 그것이 사랑이고 자비이다. 죽어서 천국에 갈 수 있는 사람은 어떤 사람인가? 바로 이런 '나'라는 자의식이 없는 사람이지 않을까 싶다.

> "육으로 난 것은 육이요 성령으로 난 것은 영이니 내가 네게 거듭나야 하겠다 하는 말을 기이히 여기지 말라. 바람이 임의로 불매 네가 그 소리를 들어도 어디서 오며 어디로 가는지 알지 못하나니 성령으로 난 사람은 다 이러하니라."[4]

죽고자 하는 자는 살 것이요, 살고자 하는 자는 죽을 것이다. 예수님의 가르침은 영의 세계로 해석했을 때 바로 이해가 된다. 영은 영이고 육은 육이다. 죽는 순간 육신을 죽이지 못하면 영이 자유로워질 수 없다. 반대로 몸을 살리려고 하면 도리어 죽은 몸에 영이 갇혀서 죽을 수밖에 없는 것이다. 그러므로 죽음이 다가왔을 때 죽을 것이지 살려고 발버둥 쳐서는 안 될 것이다.

우리는 지옥이 땅 속 깊은 곳 어딘가에 있다고 상상하지만 지옥(地獄)은 말 그대로 땅-감옥이다. 이 세계는 지옥에 다름 아니다. 하루하루를 힘겹게 이겨내고 있는 사람들을 보면 그 말이

---

4) 대한성서공회, 『개역개정 성경』, 요한 3:6~8

실감난다. 무거운 발걸음을 이끌고 오늘도 산업 전선에 뛰어든다. 그야말로 전쟁터에 가는 심정일 것이다. 이 세상 그 누가 직장을 좋아할 것인가. 우리는 좋은 말로 자아실현이니 사회공헌이니 하는 말로 포장하지만 그 자체로 즐거움이 될 수 있는 사람은 많지 않을 것이다. 이렇게 우리는 죄수가 형기를 채우듯이 현생의 삶을 꾸역꾸역 살아내고 있다.

감옥에 갇힌 죄수는 그 형기를 다해야 출소할 수 있다. 그러나 출소했다고 해서 그 사람이 달라지는 것은 아니다. 감옥은 격리의 의미와 교화의 의미가 있다. 단지 격리만 되었다가 나가는 사람은 재범의 확률이 높다. 죄를 씻는 의식, 즉 교화가 되었을 때 비로소 감옥생활을 마칠 수 있게 되는 것이다.

천국은 어떤 곳인가. 그야말로 순수하고 온전한 나라가 아닌가. 죄로 물든 단 한사람이라도 그곳에 있게 된다면 거기는 천국일 수 없을 것이다. 미꾸라지 한 마리가 도랑을 흙탕물로 만든다. 맑고 깨끗한 물에 잉크 한 방울만 떨어뜨려도 그 물은 흐려지게 마련이다.

이타적인 삶이란 타인을 위한 행동이 아니다. 따지고 보면 대단히 이기적인 행동이다. 나를 무너뜨리는 이타심은 천국에 들어가기 위한 최소한의 능력이기 때문이다.

> 어떤 삶을 사느냐보다 어떻게 사느냐가
> 더 중요하다.

자본주의 사회에서 우리는 부자로 살고 싶어 한다. 그러나 부의 크기는 한계가 있고 인간의 이기심은 그것을 공평하게 나누기를 거부한다. 그러니 어떤 사람이 부자가 되면 어떤 사람은 가난해 질 수밖에 없다. 이러한 흐름은 끊임없이 반복될 것이다.

"심령이 가난한 자는 복이 있나니 천국이 저희 것임이요."[5]

마음을 가난하게 가져야 한다. 그러면 천국에 들어갈 수 있다. 부에도 처하고 가난에도 처할 수 있어야 한다. 부해지고 가난해 지는 것은 내 의지로만 되는 것은 아니다. 때를 잘 만나면 부해질 것이고 때를 잘 못 만나면 가난할 수밖에 없다. 일제시대를 산 우리의 조상들은 그 능력이 부족해서 가난하고 힘들게 산 것은 아니다. 세계를 통과하는 역사의 강물은 우리를 그렇게 밀고 갔던 것이다.

---

5) 대한성서공회, 『개역개정 성경』, 마태 5:3

현대는 얼마나 풍요로운 사회인가? 나는 부자는 아니지만 일제시대의 웬만한 부자보다 더 풍요롭게 살고 있다. 자동차는 일상화 되고 사회 기반 시설은 잘 정비되어 있어서 가고 싶은 곳이면 어디든 갈 수 있다. 의식주는 그 어느 때보다 완벽하게 보장되어 있다. 먹고 살 걱정이 없으니 더 큰 쾌락을 찾고 있으며 더 많은 것을 바라고 있다. 이것이 욕심이고 우리의 현실이다.

"욕심이 잉태한 즉 죄를 낳고 죄가 장성한즉 사망을 낳느니라."[6]

욕심을 키우면 지옥을 맛볼 것이다. 그러나 자기가 가진 것을 만끽하고 자족할 줄 안다면 평화롭게 살 수도 있을 것이다.
다시 내 일상으로 돌아온다. 가을은 체험학습철이다. 학교들은 날씨가 좋은 가을을 이용해서 아이들과 야외활동을 한다. 학교에만 갇혀있던 아이들의 숨통을 틔어주는 것이다. 학교는 또 하나의 감옥이다.
그런데 느닷없이 노란 버스 이슈가 터져 나왔다. 어린이들의 안전을 위한 시행이라고 하지만 현실적으로 노란 버스로만 학생

---

6) 대한성서공회, 『개역개정 성경』, 야고보 1:15

들이 이동할 수는 없는 노릇이다. 교사들은 법적 책임을 벗어나기 힘들어 체험학습을 취소하고 있다. 우리와 같은 체험마을들은 엄청난 타격을 입는다. 그 상황 속으로 빠져들면 화가 나지만 조금 여유를 가지고 현상을 바라보면 이것이 어떻게 흘러가게 될지 자못 궁금해진다.

일을 하면서 이것은 일이 아니라고 스스로 최면을 건다. 돈을 벌기 위해서 하는 것이라면 일지만 경험한다고 치면 그것은 유희가 된다.

어찌 보면 체험학습은 돈을 내고 일을 해보는 것이다. 그런데 나는 돈을 받고 체험을 한다. 체험하는 것만으로도 좋은데 용돈도 받으니 일석이조다. 현장학습 취소라는 사태를 욕심으로 보자면 절망적인데 현상을 있는 그대로 바라보면 또 다른 경험이 된다.

크고 넓게 보면 하나가 아닌 것이 없다. 내 앞의 물은 흘러가서 바다에 모인다. 내가 사는 것은 오늘 하루지만 그 하루들이 모여서 전체적인 삶이 된다. 삶에는 반드시 좋은 때가 있고 나쁜 때가 있다. 좋은 것만 보고 나쁜 것을 못 보거나, 나쁜 것만 보고 좋은 것을 못 보는 것을 어리석다고 한다. 어리석은 사람은 현재라는 좁은 굴속에 얼굴을 처박고 답답하다 아우성친다.

내 입장을 고수하자면 한 없이 좁아지고 타인의 입장으로 나아가면 점점 넓어진다. 내 생각에 틀린 것이지 그것이 절대적인 것은 아니다. 내 입장에서는 절대 이해가 되지 않는 것이라도 그의 입장에서 보자면 그럴 수 있겠다 싶어진다. 일어날 수 없는 일은 일어나지 않는다. 다만 그러한 일이 내게 일어난 것이 문제라면 문제인 것이다.

자식을 낳으면 이기적인 나를 잠시 잊을 수 있다. 그러나 그가 성장하여 자의식을 확립하면 그는 더 이상 부모의 관심 따위는 필요치 않게 되는 것이다. 품안의 자식이다. 품을 떠나면 남이 된다. 이렇게 우리는 내가 남이 되고 남이 내가 되는 경험을 이어왔다. 이렇게 전체를 하나로 보자면 내가 아닌 것이 없는 것이다.

매 순간 경험이 아닌 것이 없다. 경험을 많이 하는 것이 적게 하는 것보다 낫다고 한다. 하지만 경험을 많이 하면 경험을 적게 하는 경험을 하지 못하는 것이다. 그러므로 나는 경험을 많이 하지 못한 이 아니라, 경험을 적게 하는 경험을 하는 것이다.

절에서 스님들은 우리들의 일상적인 경험을 하지 못한다. 하지만 그들이 깨달음에 더 가까울 수 있는 이유는 자기가 하는 작은 경험을 더 충실하게 들여다 볼 수 있기 때문이다.

많이 하는 것보다 제대로 하는 편이 더 낫다.

사람들은 사소한 것에 목숨을 건다

왼쪽 어깨가 뻐근하면서 콕콕 찌르는 듯이 아프다. 어떨 때는 헉 소리가 나게 통증이 심하다. 침을 맞고 부황도 뜨고 도수치료를 받았는데 완전히 개선되지 못하였다. 원인을 알고 싶어 척추 전문 병원에서 진료를 받았다. 뜻밖에 목 디스크 때문에 어깨 통증이 오는 것이라는 진단을 받았다.

내 나이에 목 디스크를 호전시킬 수 있는 방법은 없고 그저 안 쓰는 것이 최선이라고 한다. 거북목처럼 앞으로 내밀지 말고 턱을 당기고 척추와 목을 바르게 세워놓는 자세를 취하는 것이 좋다는 처방을 받았다. 나는 그 날로부터 목을 반듯하게 유지하려고 노력중이다. 병이 있다는 것을 인식하는 것은 대단히 중요하다. 그것을 조심하게 되고 더 악화되지 않게, 근본적으로는 치료할 수도 있기 때문이다.

사람들에게는 공통적인 고질병이 하나 있다. 그것은 바로 신경질이다. 신경이 날카로워지는 질병이다. 사전에서는 신경질을 자신에게 맞지 않은 일이라면 아주 사소한 것에도 못마땅해 하거나 불쾌해 하는 성질이라고 정의했다. 여기에서 '아주 사소한 것'이라고 했는데 우리가 사는 세상에서 사소하지 않은 것은 없다. 따지고 보면 그리 대단한 일도 아닌데 그것에 신경질적으로 반응하는 것이다. 화내고, 짜증내는 것은 신경질의 전형적인 증상이다.

목이 아파서 등에 통증이 있듯이 신경질 때문에 화가 난다. 그것은 병이다. 그러면 그것을 어떻게 치료할 수 있을까? 화를 내지 않으면 내면에 쌓여 폭발할 것이다. 그렇다고 계속 화를 낸다면 신경질은 더 심해질 것이다. 여기서 중요한 것은 그것을 내가 스스로 인식하는 것이다.

나는 이런 질병에 걸렸고 화를 내고 있구나 하는 것을 이해하고 바라본다. 내가 그 화에 빠지지 않게 조심한다. 화가 나는 상황은 어쩔 수 없는 것이다. 내 수준이 그 정도인데 화가 나지 않을 수 없기 때문이다. 어린 아이는 사탕을 먹지 못하면 화가 날 수 있다. 그러나 어른들은 그깟 사탕 때문에 화를 내느냐고 타박한다. 사람은 다 자기 수준만큼 행동할 수밖에 없다. 그럼에도 불구하고 우리는 이미 어른이 되었고 스스로를 책임져야만 한다. 언제까지나 아이일 수는 없는 것이다.

화를 내면 상대방에게만 나쁜 것이 아니라 자기 스스로에게도 큰 해악이 있다. 육체적으로나 정신적으로나 독약과 같은 역할을 한다. 화를 내면 세포는 긴장하고 침은 독이 된다. 정신은 스트레스로 말로 할 수 없는 독소를 내뿜는다. 이렇게 자기를 죽여 가면서까지 화를 내야 할 이유는 없다.

화가 날 때 화를 내고 있는 나를 가만히 들여다본다. 화가 나고 있구나 하고 인식하는 것이다. 화를 내는 사람들이 가장 자주 하는 거짓말은 "나 화 안 났어!"이다.

화를 들여다보는 것은 화가 스스로 날뛰도록 내버려 두는 것과는 다르다. 화가 나기는 하지만 그것을 붙잡고 있는 것이다. 이 화는 어디에서부터 출발했는지 따라가 본다. 그리고 그것이 나와 남을 죽여야 하는 그런 대단한 사건인지 곰곰이 생각해 본다.

사람들은 사소한 것에 목숨을 건다. 그리고 우리에게 일어나는 대부분의 일은 사소한 일이다. 그럼에도 화가 날 그 당시에는 그것이 엄청나게 대단한 일인 것처럼 착각한다. 하지만 시간이 한참 흐른 후에 그것들이 다 부질없는 짓이었음을 한탄하게 되는 것이다.

욕망은 삶을 지탱하는 힘

무엇을 하고 싶으면 그것에 대한 욕망이 있어야 한다. 욕망이 없다면 그것을 할 수가 없다. 욕망의 크기만큼 성과도 크다. 욕망이 없다면 성과를 기대하기 힘들다. 요즘 아이들의 문제는 의욕이 없다는 것이다. 공부할 의욕이 없으니 성적이 잘 나올 리가 없다. 공부에 대한 의욕이 없는 학생은 수업을 잘 듣지 않는다. 집중도 잘 안되고 그러다 보니 자연스레 성적은 뒤처지게 된다. 할 마음이 없는 사람을 끌어다 일을 시키는 것은 고역이다. 하고 싶지 않기 때문에 말을 듣지 않는다. 그러나 하고자 하는 사람에게는 아무리 큰 역경이 와도 그것을 헤쳐 나갈 수 있는 원동력이 있다.

큰 성과를 낸다는 것은 욕망이 크다는 것을 증명한다.

"욕심이 잉태한즉 죄를 낳고 죄가 장성한즉 사망을 낳느니라."[7]

---

7) 대한성서공회, 『개역개정 성경』, 야고보서 1:15

욕심이나 욕망이나 다 무엇을 하고자 한다는 의미에서 같은 것이다. 우리는 다른 의미에서 욕망을 경계한다. 욕망에 눈이 멀면 물불 가리지 않는다. 자기 욕망을 채우기 위해서라면 수단과 방법을 따지지 않는다. 이렇게 되면 타인은 안중에도 없고 실적이라는 결과를 위해 수많은 사람들을 희생시키게 된다.

사실 이익과 손해는 동전의 양면과 같다. 우리에게 주어진 재화는 제한적이다. 두 사람에게 100이라는 재화가 있을 때 A가 50을 가지면 나머지 B도 50을 가질 수 있다. 그러나 A가 60을 가진다면 B는 40을 가질 수밖에 없다. 어디서 20을 더 보충하지 않는 한 그 총량은 변하지 않는다. 만약 두 사람이 똑같이 나누기 위해 20을 끌어 온다면 그 옆에 있는 다른 사람의 것이 또 모자라게 된다. 이렇게 해서 선진국과 후진국이 만들어지고 이들은 끝없는 평행선을 달리게 된다.

선진국은 후진국이, 부자는 가난한 사람이 더 잘살게 되기를 바라지 않는다. 그들이 잘 살게 되는 순간 부자는 상대적 빈곤에 빠지게 될 것이다. 그러면 자괴감에 빠지고 또 다시 그들을 가난이라는 나락으로 떨어뜨릴 방법을 모색할 것이다.

우리는 부자들에게 자비를 구하지만 그들이 행하는 것은 무자비한 착취뿐이다. 부자는 거지에게 적선은 하지만 부자가 되는 길은 열어 주지 않는다. 아프리카의 생태계를 완전히 파괴시킨 서구 열강의 행태를 보면 분명히 느낄 수 있다. 그들은 노예를 잡아가기 위해서 수단과 방법을 가리지 않았다. 그 결과 아프리카인들은 두려움에 떨며 생활할 수밖에 없었다. 노예로 잡혀간 흑인들은 어찌됐든 그곳 생활에 적응할 수밖에 없었다. 그것은 그들의 잘못이 아니다. 인간은 적응의 동물이 아니던가. 치열한 삶을 살았고 그들은 살아남았다. 이제 자유를 얻어 그들은 꿈에도 그리던 모국으로 돌아갈 기회를 얻었다. 하지만 자기가 꿈꾸던 모국은 존재하지 않았다. 아니 모국은 그대로였으나 자신이 서구화되어 원시적인 삶을 견딜 수 없게 된 것이다. 이제 노예로 잡혀갔던 그들이 서구인이 되어 자신의 나라를 착취하기 시작한다. 이렇게 함으로써 서구인들은 아프리카를 자신의 완벽한 식민지로 만들어 버린다.

    우리나라로 돌아와 보면 일제는 지금도 살아있는 것처럼 보인다. 멸망했다고 믿었지만 아직도 그 본성을 잃어버리지 않고 면면히 이어나가고 있다. 그들은 조선을 침략할 방법을 호시탐탐 노리고 있다. 자신의 첩자가 될 만한 인재에게 엄청난 돈을 쏟아 붓고 있다. 인재라고 불리는 사람들은 뛰어난 머리로 일제의 앞잡이가 되어 조선을 통째로 바칠 기회를 엿보고 있는 것이다.

일본인들에게 한국은 여전히 미개한 조선이다. 나라가 바뀌었지만 그것을 인정하지 않는다. 이이제이(以夷制夷)라 했다. 일본의 입장에서는 조선인의 손으로 조선인을 핍박하는 것이 최상의 시나리오다.

욕망은 우리가 풍요롭게 살기 위한 필수적인 도구이다. 욕망이 없으면 더 나은 삶은 기대하기 힘들다. 하지만 반대로 내가 풍요롭다면 누군가는 빈곤해 진다는 것을 의미한다. 절대적인 평등은 존재할 수 없다. 모두가 동일하게 50씩 가지면 좋으련만 인간의 욕망은 거기에서 멈출 줄 모른다.

욕망은 좋은 것인가 나쁜 것인가. 욕망이 없으면 활기차게 살기 힘들고 욕망이 크면 죄를 피하기 힘들다. 살기 위해 욕망이 필요하지만 죄를 벗기 위해서는 그것을 버려야만 한다.

도덕경 1장에서 무욕과 유욕의 효용에 대해서 정확히 지적하고 있다.

故常無欲以觀其妙 常有欲以觀其徼
此兩者同 出而異名
同謂之玄 玄之又玄 衆妙之門

무욕無慾으로써 신비함을 보고, 유욕有慾으로써 나타남을 본다.
이 둘은 같은 것이지만 다른 이름으로 나왔다.
둘 다 신비함을 이른다. 신비함중이 신비함이요 신비함으로 들어가는 문이다.

욕망이 없으면 축 늘어진 삶을 살 수밖에 없다. 삶이 없다면 깨달음도 얻을 수 없다. 그러니 욕망을 일으킬 수밖에 없다. 그 욕망으로 내가 나타나는 것을 본다. 그 나를 보면서 나는 깨달음에 이르려고 한다. 단지 먹기 위해서만 사는 것은 아니다. 살기 위해서 먹고, 먹으면서 맛을 느낀다. 삶은 그대로인데 내가 어떤 관점으로 바라보느냐에 따라 그것은 다채롭게 느껴진다.

최고의 투자처는 바로 나 자신이다

여유 돈이 있다면 무엇에 투자할 것인가? 요즘은 주식이 일반화 되어가는 추세다. 올해는 한국의 경기가 신통치 않아 주식 시장이 시들해지고 있지만 불과 일 년 전만 해도 주식 붐이라 할 만큼 주식을 하지 않는 사람을 찾기 힘들 정도였다.

좋은 회사를 찾아서 투자하는 것은 미래를 대비하는 좋은 방법이라 할 수 있을 것이다. 하지만 우리에게는 그런 회사를 알아볼 수 있는 눈이 없다. 그 회사가 정말 잘 될 것이라는 확신이 든다면 투자하지 않을 이유도 없을 것이다. 그러나 그런 확신이 정말 바른 것인지는 확신할 수 없다.

내게는 절대 실패하지 않을 투자처가 있다. 그것은 바로 나 자신이다. 나는 내 돈을 떼어먹지 않을 것으로 확신한다. 내가 나를 배신한다면 그 누구를 믿을 수 있단 말인가? 그렇기 때문에 나는 나에게 투자하는 것을 두려워하지 않는다. 나에게 투자한다는 것은 단지 의복이나 자동차 따위의 사치품을 구입하는 것을 의미하지는 않는다. 그 투자는 내가 될 수 있는 그 무엇을 장착하는 것이다.

나는 나이가 들어서 대학원을 두 개나 다녔다. 학비만 해도 2천 만원이 넘게 들었고 학교에 다니는 시간과 다른 비용을 합치면 그 두 배는 들지 않았을까 생각된다. 몇 천 만원을 아깝게 생각해서 학교를 다니지 않을 수도 있었겠지만 그 당시 나는 나에게 투자한다는 생각으로 그 돈을 아낌없이 내 주었다.

돈은 돌고 도는 것이다. 내 손에 쥐고 있다고 해서 내게 머물러 있는 것은 아니다. 돈은 사용될 때 가치가 있다. 주머니에 있을 때는 그저 종이 쪼가리에 지나지 않는다. 내 주머니에서 돈이 나갈 때 내게 무엇이 남는가를 살펴본다. 돈을 주고 물건을 살 수 있다. 그러나 그 물건은 시간이 지나면서 감가상각비가 발생하고 결국에는 쓰레기가 된다. 물건이 오래될수록 값어치가 있으려면 예술의 경지에 이르러야 한다. 하지만 그런 것을 구입하기에는 내 돈이 너무 적다.

다른 한편으로 돈을 주고 능력을 키울 수도 있다. 무엇을 배우려면 어쨌든 투자를 해야 한다. 내가 하는 경험은 그것이 무엇이든 모두 내 능력이 된다. 1900년대 산업사회에서는 하나의 기술만으로도 충분히 살 수 있었다. 하지만 현대에는 기대수명이 늘어나고 이직률도 높아지는 만큼 작은 것이라도 여러 가지를 할 수 있는 것이 더 낫다고 생각한다.

미래 사회는 변화의 시대이다. 변화무쌍한 시대를 이겨내기 위해서는 역시 잡학에 능해야 한다. 또한 작은 기술들을 익히다 보면 내게 꼭 맞는 것을 찾을 수도 있다. 습득해 놓은 모든 기술은 언젠가는 쓸모가 생긴다. 그것으로 돈을 벌지는 못할지라도 약간의 즐길 거리가 되기도 할 것이다.

요즘 치즈온에 방문하시는 분들의 연령대가 높아지고 있다. 몇 해 전만 하더라도 초등학생 자녀를 둔 가족 단위가 많았으나 요 근래에는 은퇴 후에 여행을 즐기는 분들이 많아지는 추세다. 출산율의 감소를 피부로 느끼고 있다. 어른들은 내 논문을 유심히 보신다. 젊은 사람들이야 이런 것에 관심이 별로 없지만 어르신들은 공부가 어렵다는 것을 알기 때문인지 그 책을 몸소 들춰보시는 것이다. 꽤 두꺼운 책을 식사를 하시면서도 곁에 두시고 읽어 보신다. 나는 그 논문을 2천 만 원짜리라고 생각한다. 대학원을 졸업하는데 들인 돈이다. 그 책이 과연 그만한 가치가 있는가 하고 묻는다면 별로 할 말이 없다. 하지만 내가 들인 노력은 그 이상인 것이다. 너무 힘들어서 중간에 포기하고 싶었던 적이 한 두 번이 아니다. 하지만 나는 그 과정을 끝끝내 마쳤고 내 손에 그 책이 들려 있었다. 그것을 무사히 마쳤다는 것을 믿을 수 없는 일이다.

내가 만약 돈을 써야 한다면 그것은 다른 누가 아닌 나 자신을 위한 것이어야 한다고 나는 굳게 믿는다. 그 돈을 아끼지 말아야 한다. 돈은 내 수중에 있더라도 내 것이 아니다. 예기치 않은 사고나 필요로 하는 어떤 것을 위해서 언제든지 사용되면서 내 호주머니에서 빠져나갈 것이다. 하지만 내가 장착한 능력은 절대 사라지지 않는다. 그것은 사용하면 할수록 더욱 공고해지고 웅장해진다.

나는 지금도 내 시간을 이 글을 쓰는데 사용하고 있다. 다른 것에 쓸 수도 있지만 글을 쓰는 것에 투자하고 있는 것이다. 그러면 이것은 내게 능력으로 장착되고 결국에는 그것이 가장 쓸모 있는 것이 될 것이다.

시간을 멈출 수 있는 자는 세상에 없다. 하지만 언제나 흘러가는 시간위에 무엇을 띄울 것인가는 스스로 결정할 수 있다. 무엇을 상상하든 그것을 실행했을 때에만 나에게 의미 있는 무엇이 된다.

삶은 영향을 주고받는 과정이다

우리는 각자의 삶을 살아간다. 나는 나의, 너는 너의 삶을 사는 것이다. 그런데 그 삶의 과정 중에 서로에게 간섭이 일어난다. 어떤 삶은 나를 오른쪽으로, 어떤 삶은 나를 왼쪽으로 가게 한다. 어떤 것은 위로, 어떤 것은 아래로 향하게 만든다. 이렇게 사방에서 끌고 당기는 힘에 의해 나는 현재 내 위치에 있게 된 것이다. 내 의지로만 살았다면 나는 지금 이 자리에 있지는 않을 것이다. 그들이 나를 어떻게 해보려고 자신들의 삶을 바꾸지는 않았을 것이다. 하지만 의도했든 의도치 않았든 삶은 서로에게 영향을 주었고 그것이 현재의 자리를 만든 것이다.

우리는 서로에게 간섭을 하면서도 간섭하지 않는 것처럼 살기도 한다. 인간이 세상에 사는 동안은 독립적일 수 없다. 이미 우리는 사회의 구성원으로서 살아갈 수밖에 없다. 혼자 있으면 외롭다. 외로움을 달래기 위해 사람을 만난다. 그들은 내게 어떤 감정을 전달하고 나는 그 감정에 의해 내 감정을 수정한다. 나는 어떤 사람인가를 생각할 때 사람들의 시선을 의식하지 않을 수 없다. 그들이 바라보는 각도에 따라 나의 정체성은 달라 보인다.

누군가 내게 칭찬을 해 준다면 나는 조금 쓸모 있는 사람이라고 느끼게 될 것이다. 반면 비난 받는다면 형편없는 사람처럼 느낄 수 있다. 그것과 상관없이 살려고 하면 독불장군처럼 느껴질 것이고 그것에 깊게 얽매이면 주체성이 결여된 사람으로 보일 것이다. 결국 나의 정체성이란 주변의 상황과 뗄 수 없는 관계이다.

내 앞에 새 물건이 있다. 이것이 어째서 내 앞에 있는지 모르겠다. 내가 산 것은 아니고 누군가 줬을 법한 물건이다. 아직 포장을 뜯지도 않았다. 한 번 뜯어볼까 하는 생각이 들다가도 무엇에 쓰는 물건인지 몰라 잠시 망설인다. 립밤이라고 써져 있다. 나는 립밤을 쓰지 않는데 왜 이것이 내 책상 위에 놓여있는지 모르겠다.

글을 쓰다가도 어떤 물건에 의해서 내 생각은 전혀 엉뚱한 곳으로 향하고 만다. 이렇듯 우리는 사람뿐만 아니라 사물에도 영향을 받게 되는 것이다. 가을이 되면 왠지 모르게 우수에 젖게 된다. 기분은 가라앉고 작은 것에도 사색하게 된다. 숨을 깊이 들이쉬면 가을 향기를 느낄 수 있다. 나는 비 오기 전의 촉촉한 대지의 냄새를 좋아한다. 이 냄새는 순식간에 나를 어린 시절로 돌려보낸다. 그 시절 느꼈던 수많은 감정들이 되살아난다.

직장인은 월요일을 싫어한다. 일하러 가야 하기 때문이다. 하지만 나는 오늘이 무슨 요일인지를 까먹었다. 쉬는 날이 없기 때문이다. 주말이라고 해서 특별할 것은 없다. 조금 더 바쁠 뿐이다. 사람 만나는 것을 즐겨하지 않는 나는 다른 사람이 쉬는 날 쉬어야 한다는 의무감도 없다. 타인이 어떻게 느끼는가를 신경 쓸 겨를이 없다. 나는 내 느낌도 다 알지 못한다. 그렇기 때문에 나는 약간 무심한 사람처럼 보인다.

어떤 것에 의무를 가지면 그것은 부담이 되고 일처럼 느껴진다. 일이란 활동에 의무를 더한 것이다. 어떤 것을 즐겨 하다가도 무엇을 해야 한다는 의무를 얹게 되면 갑자기 무거워지고 답답해진다. 그것은 그 행위가 달라져서라기보다는 그 속에 의무를 심어줬기 때문이다.

아마추어는 그 행위 자체를 즐기는 사람이라면 프로는 그것을 통해 돈을 버는 사람이다. 돈을 벌어야 한다는 의무는 행위 자체를 즐기지 못하게 만들 수 있다. 하지만 그가 돈을 잊어버리고 행위에만 집중한다면 더 많은 돈을 벌수도 있다. 사람들은 잘하는 사람에게 자기 돈을 던진다.

돈은 어디에서 나오는가? 은행에 가면 돈이 쌓여있지만 그 것은 주인이 있는 돈이다. 은행에 있는 돈을 쓰는 것은 사람이다.

돈은 바로 사람들의 주머니에서 나오는 것이다. 대기업이든 구멍가게든 사람들의 코 묻은 돈을 받아서 부자가 된다. 사람들이 돈을 쓰지 않으면 누구도 그 돈을 벌수가 없다. 누가 얼마나 큰돈을 쓰게 만들 것인가. 이것이 자본주의 시장에서의 관심사다.

돈을 벌려면 사람들의 주머니를 열어야 한다. 사람들은 합리적인 소비를 할 것 같지만 감정적인 경우가 많다. 똑같은 음식이라도 분위기가 달라지면 더 많은 돈을 지불한다. 먹는 것은 같아도 느낌이 달라지는 것이다. 이것은 맛이라는 음식의 고유한 영역이 아니라 감성이라는 부차적인 만족을 추구한 것이다. 그러므로 돈을 벌려고 한다면 사람들의 감정을 잘 살펴야 한다. 사람들이 좋아하는 것이 무엇인지를 잘 파악해야 한다. 같은 물건이라도 사람들은 자기가 좋아하는 사람에게서 그것을 사고 싶어 한다. 좀 더 비싸더라도 좋아하는 사람 것을 팔아주려고 한다. 수 없이 많은 광고는 그렇기 때문에 유명 연예인을 모델로 쓴다. 그들이 광고하는 것을 좋아한다. 그러면 우리는 그것을 사게 된다.

소비는 삶의 일부분이다. 어디 외딴 섬에서 사는 것이 아니라면 우리는 소비를 하지 않고서는 살 수가 없다. 지금 이 순간에도 나는 전기를 소비하고 있다. 그런데 이것도 타인이 막대한 영향력을 행사한다. 그들은 나에게 이걸 사라고 강요하는 것만 같다. 판단은 내가 내리는 것 같아도 그 속에는 그들의 조언이 들어가 있다. 아무런 어필도 하지 않은 제품은 익숙하지 않고 그래서 손이 가지 않는다.

다시 내 삶으로 되돌아온다. 나는 과연 나만의 삶을 살고 있는가. 오롯이 내 의지로만 이 자리에 이른 것인가? 이 사회에서 살아남기 위해서는 끊임없이 타인의 눈치를 볼 수밖에 없다. 그렇기 때문에 오히려 나는 내 관심의 영역에서 사라지게 된다. 타인이 아니라 나를 보려고 한다. 나는 누구인가? 왜 이 세상에 태어나서 힘겨운 삶을 지속시키고 있는가?

우리는 그 대답이 이 세상 어딘가에 있을 것이라고 상상한다. 누군가 정답을 말해주었으면 하는 바람이 크다. 하지만 지금까지 그것을 대답해 준 이가 없다. 아무리 경전을 읽어도 정답은 없는 것 같다. 만약 누군가 이것이 정답이요 하고 손에 쥐어준다고 하더라도 그것을 믿을 사람은 하나도 없을 것이다.

나는 누구인가에 대한 대답은 내 삶에 있다. 그것은 조각난 일부분이 아니라 삶 전체가 답인 것이다. 우리 삶은 프랙탈 구조인 것만 같다. 프랙탈 구조에서 앞의 움직임은 뒤의 움직임에 영향을 준다. 비슷한 문양이 연속되어 나타나지만 전체적으로 보면 전혀 다른 모습이 된다. 같은 자리인 것 같지만 결코 제자리에 있지는 않다.

    우리는 인식능력의 한계로 현재만을 감각한다. 하지만 과거에서부터 미래까지 전체를 하나로 볼 수 있는 사람은 4차원의 세계를 사는 것이다. 우리 중 그 누구도 시간을 뛰어넘어 살 수는 없다. 과거로 돌릴 수도 없고 미래로 날아갈 수도 없다. 그러나 현재는 과거와 미래를 모두 담고 있다는 점에서 나를 온전히 느낄 수 있는 유일한 단서가 된다.

반복하면 무엇이 된다

도우 반죽을 한다. 우리는 몸에도 좋고 맛도 좋은 쌀가루를 사용한다. 먼저 이스트를 따뜻한 물에 녹이고 가루를 붓는다. 믹서기의 후크는 돌면서 가루와 물을 섞는다. 처음에는 따로 놀던 가루들이 어느새 한 덩어리가 되어 통 가장자리를 돌고 있다. 반죽은 계속 같은 자리를 돌고 있다. 하지만 처음의 그 가루는 아니다. 돌고 돌면서 찰기가 생기고 드디어 도우로 만들어질 준비가 된다.

우리의 일상도 이와 같다. 매일 반복되는 생활이다. 아침이면 눈을 떠서 화장실을 다녀온다. 빨래를 세탁기에 넣고 밥을 먹는다. 씻고 출근해서 일을 한다. 6시가 되면 녹초가 된 몸을 이끌고 집으로 돌아온다. 밥을 먹고 잠시 소파에 기대어 TV를 본다. 정신을 차리고 운동을 한다. 땀으로 범벅이 되면 씻고 잠자리에 들 준비를 한다. 잠깐 여유가 된다면 몇 글자 써보기도 하고 읽기도 하다가 스르르 잠에 든다. 이것이 일반적인 생활이다. 특별할 것이 없어 보인다.

하지만 오늘은 어제와는 엄연히 다른 하루다. 그럼에도 나는 그것이 별다를 것이 없다고 느낀다. 어제의 나와 무엇이 다른가 생각해 본다. 아무 의미 없이 같은 자리를 돌고 있는 것 같은데 뭔가는 달라지고 있다. 최소한 내 몸은 늙어가고 있고 생각은 둔해지고 있다. 그것이 좋고 나쁨은 차치하고 변화는 일어나고 있는 것이다. 문제는 그 변화를 감지하느냐 하는데 있다.

반죽이 같은 자리를 아무 의미 없이 돌고 있는 듯이 보이지만 그것은 도우를 향해 나아가고 있다. 나도 또한 죽음을 향해 달려가고 있다. 얼마나 빨리 달리느냐 하면 시속 30만km를 넘기고 있다. 그것은 지구가 1년을 달리는 속도이다. 그럼에도 나는 아무 일도 없는 듯이 살고 있다는 것이 너무나 안타깝다.

내게 어떤 일이 벌어지는가 하는 것은 별로 중요치 않다. 다만 내가 그것을 어떻게 느끼느냐가 중요하다. 아무 의미가 없다고 느낀다면 아무 일도 일어나지 않는 것이고 큰 의미를 느낀다면 사소한 것이라도 큰 일이 일어난 것이다.

내 삶에서 무엇이 가장 답답하냐면 그 의미를 보지 못하는 것이다. 귀가 있어도 듣지 못하고 눈이 있어도 보지 못한다. 그러니 귀 있는 자는 들으라 하는 말이 그렇게 부러울 수가 없는 것이다. 그러나 그렇다고 해서 보이지 않는 것을 보이는 채 해서는 안 된다. 들리지 않는데 이해한 척 할 수는 없다. 그것은 자기기만이고 발전을 저해하는 최악의 행동이다. 의미를 느끼지 못했다고 해서 자기 나름대로 의미를 부여해 버리는 것은 바로 이러한 해악을 끼칠 수 있다.

인간은 3차원 공간에서 생활하고 있다. 여기에서 시간이라는 4차원 세계로 진입하려고 한다. 시간이란 출발이 있고 끝이 있다. 이것이 3차원 세계에 머무는 우리의 한계이다. 진정으로 4차원에 진입하려면 그 시간을 통으로 볼 수 있어야 한다. 출발과 끝이 하나인 샘이다. 시작도 없고 끝도 없다. 그것은 이미 존재했던 것이다. 영화는 제작 되었지만 그것을 재생시키지 않으면 볼 수 없는 것과 같다.

내가 태어났을 때부터 되짚어 본다. 전체를 다 회상할 수는 없으니 중간 중간의 기억에 남는 일들을 중심으로 재생할 수밖에 없다. 오직 나만을 위한 영화 필름을 돌리고 있다. 현재는 소멸했으나 그 느낌은 오롯이 남아 나를 짜릿하게 만든다. 아직 어렸던 그 당시에는 무척 답답했을 그 상황이 지금에 와서는 애틋하게 느껴진다. 나이가 드는가 보다. 젊어서는 기대를, 늙어서는 추억을 회상하며 산다.

미래와 과거는 따로 떨어진 것이 아니다. 미래는 반드시 과거가 되고, 과거는 또 미래를 만든다. 내가 하고 있는 이 훈련은 내가 미래에 무엇이 될 것인지를 결정하기 때문이다. 어떤 능력을 갖고자 하는 사람은 생각만 가져서는 안 된다. 그 행동을 해야만 한다. 피아노를 잘 치고 싶다면 지금 당장 피아노를 쳐야 하고, 외국어를 잘 하고 싶다면 지금 당장 그 말을 옹알거려야 한다. 현재는 반드시 과거가 되고 만다. 주저하다가는 아무것도 손에 넣지 못한다. 이렇게 우리는 과거와 미래를 통합적으로 살아가고 있다는 것을 깨달아 간다.

인간은 지구를 구할 수 없다

인간이 지구를 구할 수 있을까? 작은 것이 큰 것을 위할 수 없고 아이가 어른을 구하기 힘들다. 그런 의미에서 인간을 살리고 있는 지구를 인간이 살린다는 것은 믿기 힘든 일이다. 오히려 지구가 인간을 살리는 것이다.

지구는 스스로를 보전하기 위해서 어떤 행동을 감행할 수 있다. 인간은 지구의 그러한 행동을 막을 방도를 갖지 못하였다. 예를 들어 지구의 자전축은 23도 정도 기울어 있다. 그런데 이 축이 조금씩 변하여 반듯하게 서게 된다고 한다. 그렇게 되면 인류는 큰 변화를 겪게 될 것이다. 북극의 빙하는 모두 녹아 바다로 들어오고 해안 저지대는 침수되고 많은 섬들이 바다 속에 잠기게 될 것이다. 이것은 그곳에 사는 사람들에게는 큰 문제가 되겠지만 지구의 관점에서는 지구를 정화시키는 하나의 과정쯤으로 여길 것이다.

인간은 지구를 되살리겠다고 외치면서 온갖 규제를 내세운다. 하지만 그러한 규제로는 지구를 되살릴 수 없다. 지금 우리가 완전히 멈춘다고 하더라고 그 효과는 수 십 년이 지난 다음에야 볼 수 있을 것이기 때문이다. 봄만 되면 한국은 미세먼지로 골머리를 썩는다. 어떻게 하면 미세먼지를 발생시키지 않으면서 쾌적한 환경에서 살 수 있을 것인가. 유능하고 현명하다고 하는 전문가들은 여러 가지 대안을 제시한다. 탄소배출을 줄여야 한다. 그러나 우리는 소비를 줄일 생각이 전혀 없다.

 모든 오염은 소비에서 발생한다. 소비하지 않으면 오염되지 않는다. 그러므로 지구를 깨끗하게 할 수 있는 유일한 방법은 인간이 소비를 최소한으로 하는 것이다. 하지만 그렇게 되면 자본주의 사회의 핵심인 자본의 흐름이 둔화되고 그것은 곧 경기침체로 이어진다. 자본주의 사회에서 소비는 미덕이다. 과거 물자가 부족해서 힘들고 어렵게 살던 시절에는 절약을 강조했다. 제한된 물자로 많은 사람들이 나눠 써야 했기 때문이다. 그보다 더 많이 사용하면 분명 못 쓰는 사람이 발생한다. 그러면 그들의 생존을 위협하게 된다. 그러니 아껴서 나눠 쓰는 것이 필요했다. 하지만 현대는 모든 물자가 넘쳐난다. 없어서 못 쓰는 시대는 지났다. 물건은 수명을 다해서 버려지기 보다는 싫증이 나서 교체된다. 이렇게 쓰다 버린 물건들은 고스란히 환경을 파괴하는 오염원이 된다.

 인간이 환경을 살리기 위해서 할 수 있는 단 한 가지는 가만히 있는 것이다. 자연을 회복시키겠다고 하는 어떠한 행동도 자연을 회복시키는데 도움이 되지 않는다. 의도야 어찌됐든 그것은 하나의 움직임을 발생시키고 다시 그것은 오염을 증가시킨다.

 코로나 시대를 되돌아보자. 우리는 무서운 전염병에 위협을 받았다. 자연을 정복한 것처럼 떵떵댔지만 미세한 바이러스 앞에서 어떠한 대응 방법도 제시하지 못하는 나약한 존재가 되고 말았다. 인간이 할 수 있는 것은 그저 이동하지 않고 자기 집에서 가만히 있는 것이었다. 서로 만나지 않으면 전파되지 않는다. 그렇게 코로나는 점차 우리 생활에 침투해 왔다.

 우리의 생활은 더 없이 불편해졌다. 가고 싶은 곳을 가지 못하고 먹고 싶은 것을 먹지 못하였다. 곧 죽을 것 같은 불안과 공포에 휩싸였다. 그러나 인간의 불행과는 별개로 자연은 점차 회복되기 시작했다. 전에 없던 맑은 공기를 되찾았다. 인간이 기울인 그 어떤 노력보다도 더 큰 효과를 나타내기 시작했다. 이것이 재해의 역설이 되었다.

 애초부터 인간은 지구를 구할 생각 따위는 없었던 것이다. 다만 자기들이 좀 더 편하고 좀 더 길게 이 지구를 이용하고 싶은 욕망뿐이었던 것이다. 인간은 스스로만 아는 이기적인 동물인 점을 우리는 망각해서는 안 된다.

나는 누구인가?

'나'란 단지 내 눈에 보이는 이 육체만을 의미하는 것은 아닐 것이다. 나는 내가 살아온 삶이고 그 속에 담긴 경험의 총합이다. 육체는 현재라는 순간을 살지만 경험은 육체 속에 가득 채워진다.

경험은 기호(嗜好)를 만들어 낸다. 기분이 상승하는 것을 좋다고 하고 하락하는 것을 나쁘다고 한다. 사람들은 기분이 어떤 현상에 따라 달라진다고 생각한다. 하지만 동일한 현상이라도 어떤 사람은 즐겁게 받아들이는 반면 어떤 사람은 짜증나게 받아들일 수 있다. 그것에 대한 느낌들은 사람마다 조금씩 다를 것이다. 그것은 현상이 달라서가 아니라 그가 느끼는 방식이 다르기 때문이고 그 방식은 삶을 통해 쌓은 경험에 의해 만들어진다. 그런 의미에서 기분이라는 것은 현재에 생성된 것이 아니라 삶 전체를 통해 익힌 습관과도 같은 것이다.

트라우마라는 것이 있다. 그것은 과거의 어느 시점에서 그것에 대해 좋지 않은 경험을 한 사람에게 생성되는 감정의 일종이다. 말에서 떨어진 경험을 한 사람은 말에 대해서 트라우마를 갖게 될 수 있다. 그러나 낙마의 경험을 했다고 해서 모두가 그것에 대해 트라우마를 갖는 것은 아니다.

텔레비전의 한 프로그램에서 어떤 배우가 말에서 떨어지는 경험 때문에 다음부터는 말 타는 장면을 찍지 못하겠다고 말하는 것을 보았다. 그런데 자기가 존경하는 다른 배우는 낙마의 경험이 있으면서도 말을 더욱 사랑하고 그의 입장을 이해하려는 모습을 보면서 어떻게 그렇게 할 수 있느냐고 물었다고 한다. 그 선배는 자기가 놀란 만큼 말도 놀랐을 것이라고 생각하고 그 말의 감정을 느끼려고 노력했던 것이다. 그 결과 말이 자신을 해칠 의도로 떨어뜨린 것이 아니라 그도 놀란 나머지 어쩔 수 없이 한 행동이라는 것을 이해한 것이다.

사람들은 좋은 것을 선이라 하고 나쁜 것을 악이라 한다. 그런데 좋고 나쁘다는 판단은 다분히 감정적인 것이고 그 감정이란 경험에 기반 해서 나온다. 그러므로 선악의 판단은 상대적일 뿐 절대적일 수가 없다.

고대로부터 철학자들은 아름다움이란 무엇인가에 대해 고민해 왔다. 그래서 미학이라는 학문까지 만들었다. 하지만 아름다움, 즉 선이란 각자 다르게 느꼈고 절대적인 선을 규명할 수는 없는 것이었다.

민주주의는 다수의 의견에 의해 그것을 결정하려고 하고 철인정치에서는 현명한 사람이 그것을 결정하려고 한다. 그러나 우리 모두는 사람이고 각자의 경험이 어떠한가에 따라 선악의 판단은 달라진다는 의미에서 온전한 것이 못되는 것이다.

도덕경에서는 선악에 대해 이렇게 가르치고 있다.

天下皆知美之爲美, 斯惡已. 皆知善之爲善, 斯不善已.
故有無相生, 難易相成, 長短相較/形, 高下相傾, 音聲相和,
前後相隨,
是以聖人處無爲之事, 行不言之敎. 萬物作焉而弗辭,
生而弗有, 爲而不恃, 功成而弗居. 夫唯弗居, 是以不去.

천하의 모든 사람들이 아는 아름다움을 美라고 한다면 이미 추함이 있다는 것이고,
모두가 선하다고 하는 것을 善이라고 한다면 이미 선하지 않음이 있다는 것이다.
그러므로 있음과 없음이 서로 생겨난다.

(우리는 있는 것을 생겨났다고 하고, 없는 것은 소멸했다고 생각하지만 있음과 없음이 서로를 자극하여 나타나는 것이다. 없으니까 만들고 있으니까 소멸하는 것이다.)

어려움과 쉬움이 서로 이룬다.

(일이 이루어지는 데는 쉬운 것도 있고 어려운 것도 있는 법이다. 세상 어디에도 쉽기만 하고 어렵지 않은 일이 없다. 하찮게 보이는 그 일도 막상 내가 해 보면 그렇게 어려울 수가 없다.)

긴 것과 짧은 것이 서로 교차한다.

(긴 것과 짧은 것은 평행선을 달릴 것 같지만 그것이 만나게 된다.)

높은 것과 낮은 것이 서로 기울어진다.

(기울기는 높은 곳에서 낮은 곳으로만 생기는 것이 아니다. 낮은 곳에서 높은 곳으로도 만들어진다. 오르막이 있으면 내리막이 있고 내리막이 있으면 오르막이 있다.)

음성이 서로 조화롭다.

(음은 음악에서 음표이고 성은 가사이다. 이 둘이 조화를 이뤄야 한다.)

앞과 뒤가 서로 따른다.

(앞서 가는 사람을 뒤에서 따른다고 생각하지만 뒤에 오는

사람을 앞에서 따라간다. 앞에서 끌어주고 뒤에서 밀어주며 앞으로 나아간다.)

이것으로써 성인은 행하지 않음에 처하는 것이다. 행할 뿐 말로써 가르치지 않는다. 만물을 이루었으나 말하지 않는다. 만들었지만 있지 않고, 행했지만 그것에 기대지 않으며, 성공했지만 그것에 머무르지 않는다. 그것에 머무르지 않기 때문에 밀려나지 않는다.

(성인은 자기가 한 일을 자기의 공으로 만들지 않는다. 그냥 하는 것이지 어떤 것을 바라고 하지 않는다. 그러니 말할 수 없고 그저 있을 따름이다.)

경험은 세상을 받아들이는 창이다. 내가 느끼는 것은 유일무이한 것이지만 절대적인 것은 아니다. 자기가 이해할 수 없는 행동을 볼 때면 흔히 '어떻게 그렇게 할 수가 있지?'라는 의문을 갖게 된다. 하지만 그렇게 행동하는 것은 현재의 그가 하는 것이 아니라 과거로부터 이어온 경험들이 그렇게 하는 것이다.

나는 나의 경험에 의거해서 말하고 상대방은 자신의 경험에 의거해서 듣는다. 서로 다른 경험 때문에 소통이 단절된다. 우리가 서로 이해하기 위해서는 경험을 공유하는 것이 필요하다.

사랑받지 못한 사람은 사랑하기 힘들다. 남에게 해를 끼친 사람을 교도소에 집어넣는데 그러면 그는 더욱 더 사랑받지 못하는 경험을 하게 된다. 그러면 그는 교화가 되기는커녕 더욱 흉악한 도구를 갈고 나올 것이다.

    사람을 바꾸려면 경험을 바꿔야 한다. 경험을 바꾸기 위해서는 시간이 필요하다. 현재의 시간은 순간이지만 그것들이 쌓여서 경험이 된다..

경험은 나를 만든다

　10월은 연중 가장 바쁜 달이다. 날씨가 좋으니 사람들도 여행을 많이 다니고 우리도 관광지의 특성상 유동인구가 많아진다. 손님이 많으면 매출이 많아지니 좋기도 하지만 그만큼 몸이 고달프다. 아침부터 저녁까지 쉴 짬이 없다. 몸이 피곤한 만큼 글을 쓸 엄두를 내지 못한다. 생각은 많은데 글이 잘 써지지 않는다. 이것도 습관이 되어야 잘 써질 것이다. 깨닫기 위해서 살려고 하는데 정작 깨달을 시간도 글 쓸 시간도 없이 바쁘게 살고 있다.

　내가 계획한 어떤 결과를 내지 못하면 그 과정은 잘못된 것이거나 나쁜 것이라고 판단한다. 가령 돈을 벌기 위해서 일을 하는데 돈이 벌리지 않으면 그 일은 잘못된 것이라고 생각하는 것이다. 반대로 내 계획이 실현되었다면 그 과정은 좋은 것, 잘한 것이라고 판단한다. 하지만 과정은 결과를 위해 존재하는 것이 아니라는 측면에서 결과에 의해서 과정을 판단하는 것은 약간의 오류를 만들어 낸다.

　이런 측면에서 무엇 무엇을 위해서 산다는 것은 과정을 왜곡시키는 결과를 초래한다. 모든 과정은 그 자체로 의미가 있다. 만약 내가 돈을 벌기 위해서 일을 한다고 하면 일은 초라해지고 돈이 전부가 된다. 일을 하는 것의 의미는 오롯이 돈이라는 결과에 가려지고 마는 것이다. 뭐를 해도 돈만 많이 벌면 그만이라는 금전만능주의적인 발상이 여기에서 나온다.

    어떤 행위를 할 때 돈을 벌기 위해서 한다면 그것은 일이 된다. 하지만 그것이 그 일 자체를 즐기기 위해서라면 그것은 유희거리가 된다. 일례로 아마추어와 프로를 나누는 기준은 무엇을 위해서 그 일을 하느냐 하는 것이다. 아마추어는 운동 그 자체를 즐기는 것이라면 프로는 그것으로 돈을 버는 것을 목표로 한다. 하지만 아마추어가 프로보다 실력적으로 떨어진다는 것을 의미하지는 않는다. 쿠바의 야구 선수들은 프로가 아니다. 하지만 어떤 프로팀보다 뛰어난 실력을 갖추고 있다.

    잘하고 못하는 것은 중요하지 않다. 잘하면 좋겠지만 그렇지 못하다고 하더라도 크게 문제가 되지 않는다. 실력은 오래 한 만큼 늘게 된다. 문제는 그것을 얼마나 즐기느냐 하는 것이다. 사람은 무엇을 위해서 일을 한다. 그러므로 일 그 자체를 즐기지 못한다. 자본주의 사회에서 좋고 나쁨은 그것으로 인해서 얻어지는 이득에 의해 결정된다. 내가 한 일의 대가 크다면 그것은 좋은 것이라고 기뻐한다. 그리고 일을 했는데 소득이 별로 없거나 손해를 보면 나쁜 것이라고 실망한다. 이러한 판단은 그 행위 자체가 아니라 그것에서 얻어지는 결과물로 평가된다.

어떤 일을 하면 그것에 대한 결과는 반드시 생긴다. 하지만 결과가 손해라고 해서 내 행위가 나쁘다고 판단할 수는 없다. 그 순간을 즐긴다는 것은 결과와 상관없이 그 과정이 유쾌하고 값어치가 있게 만드는 것이다. 사람이 어떻게 항상 이득만 보고 살 수 있을 것인가? 손해도 보고 절망도 하면서 사는 것이 인생이다. 하지만 그렇다고 해서 내 인생이 쓸모없었다거나 하는 것은 절대 아니다. 만약 과거의 불쾌했던 순간들을 지워버린다면 나는 전혀 다른 모습이 될 것이다.

과정들이 없었다면 현재의 나는 존재하지 않는다. 나는 과거의 경험 그 자체이다. 내가 어떤 경험을 했느냐에 의해 나는 만들어진다. 현재를 산다는 것은 과정을 즐기는 것이고, 무엇을 위해서가 아니라 어떻게 하고 있느냐에 관심을 기울이는 것이다.

직장에서 일을 시켜보면 하기 싫어서 몸을 뒤틀면서 하는 사람이 있는가 하면 어떤 일이든 스스로 찾아서 하는 사람이 있다. 시키는 사람 입장에서 보면 스스로 하는 사람을 더 좋아하는 것은 당연하다. 그런데 직원은 자기가 한 일은 생각하지 않고 왜 사람을 차별하느냐고 불평한다. 사랑과 미움은 다 자기 자신에게서 나오는 것인데 그것을 깨닫지 못하고 남 탓만 한다. 하기 싫지만 그 속에서 견디고 있는 것은 자기가 해야만 하는 일이기 때문이다. 그리고 해야만 한다면 그것을 구태여 무엇을 위해서 하고 있다고 스스로를 죽이지 말고 그 일 자체를 즐기면서 하는 자세가 필요하다.

    무엇을 위해서 현재를 사용할 때 시간은 소비되고 남는 것은 돈이다. 하지만 일 자체에 매진할 때 시간은 경험이 되고 나 자신을 만드는 피와 살이 된다.

인과응보

우리는 자신이 누군가 나에게 해를 입히면 그도 또한 그에 응당한 댓가를 치르게 될 것이라고 믿는다. 하지만 자신이 받은 부당한 대우가 과거 자신이 타인에게 저질렀던 부당한 행동의 결과라고는 상상하지 못한다.

사실 인과응보는 언제나 일어나고 있다. 원인과 결과는 서로 맞닿아 있다. 세상에 원인이 없는 결과가 어디 있겠는가. 하지만 우리의 기억은 너무나 허약하여 조금만 지나도 온전히 기억해내지 못한다.

지금 눈앞에 있는 사물들을 유심히 살펴보라. 그리고 눈을 감고 그것들을 기억해 내려고 해보자. 아마도 거의 대부분의 사람들은 그것이 무엇이었는지 제대로 회상하지 못할 것이다. 그럼에도 불구하고 우리는 직접 내 눈으로 목도하였으므로 분명하게 인식했다고 믿을 것이다. 하지만 그것을 기억해내려 할 때 온전한 형상이 아님을 실감하게 되는 것이다.

더 나아가 우리는 자신의 과오는 짧게 기억하고 타인의 잘못은 오래 간직한다. 그렇게 하여 자신은 올바른 사람이라고 믿고 행동하게 되는 것이다. 그러나 그 올바름이 무엇인가에 대해 묻는다면 선뜻 답하지 못하는 것이 우리의 실정이다.

> 예수께서 길을 떠나시는데 어떤 사람이 달려와서 그 앞에 무릎을 꿇고 "선하신 선생님, 제가 무엇을 해야 영원한 생명을 얻겠습니까?" 하고 물었다.
> 예수께서는 이렇게 대답하셨다. "왜 나를 선하다고 하느냐? 선하신 분은 오직 하느님뿐이시다.[8]

선하다는 판단은 다분히 주관적인 것이다. 그럼에도 불구하고 그것이 객관적이고 심지어는 절대적인 것이라고 믿는 것은 심각한 오류가 아닐 수 없다. 가장 위대한 스승이고 하나님과 동등한 존재라고 믿는 예수님마저 자기 자신을 선하다고 부르는 것을 허락하지 않으셨다. 그런데 내가 어떻게 선하다 혹은 옳다는 주장을 할 수 있을 것인가?

어설픈 기억에서 나오는 나의 논리는 실로 허약한 것이 아닐 수 없다. 우리는 자주 기억의 오류에 빠진다. 자신의 행동은 불가항력적이고 어쩔 수 없는 것이었다고 생각하는 반면 타인의 행

---

8) 대한성서공회, 『공동번역 성경』, 막10:17,18

동은 의도적이며 악의적이라고 믿어버리는 것이다. 이런 판단이 지속될수록 우리는 자신의 수렁 속으로 깊숙이 빠져들게 된다.

나는 내가 언짢은 일을 당했을 때 내가 누군가에게 그러한 행동을 하지 않았는지 되돌아 보게 된다. 인간은 반추동물이 되어야 한다.

우리가 경계해야 할 것은 옳고 그름을 자의적으로 판단하고 있지는 않는가 하는 것이다.

쾌락주의

　인간은, 그것이 육체적이건 정신적이건 상관없이, 쾌락을 추구하는 동물이다. 이것을 인정하지 않으면 인간을 제대로 이해하기 힘들다. 사실 쾌락을 육체적인 것과 정신적인 것으로 구분하는 것 자체가 무의미한 것이다. 모든 육체적 자극은 뇌에서 처리한다. 뇌가 죽어있다면 육체의 자극은 쾌락이 되지 못한다. 손에 주는 자극은 손에서 느끼는 것이 아니라 뇌에서 그 자극을 감지함으로써 비로소 느끼게 되는 것이다. 그러므로 모든 쾌락은 정신적인 것이 되는 셈이다.

　문제는 쾌락을 추구하는 방식이다. 어떤 사람은 절제를 통해서 지극한 쾌락에 들어가고자 하는 반면 어떤 사람은 일반적으로 생각하는 향락적인 생활로 쾌락을 느끼려고 한다. 우리는 학창시절 스토아학파는 금욕주의, 에피쿠로스학파는 쾌락주의라고 배웠다. 이러한 구분은 마치 하나는 정신적이고 다른 하나는 육체적인 것처럼 느껴진다. 하지만 이 둘은 모두 당대의 걸출한 철학 학파이고 그들이 주장하는 금욕과 쾌락은 모두 정신적인 것에 다름 아니었다. 다만 스토아학파는 절제를 통해서 궁극적인 경지에 이르고자 했던 반면 에피쿠로스학파는 정신적 쾌락을 추구하면서 그 절정에 이르고자 했던 것이다.

철학의 모든 질문은 나는 누구이고, 인간이란 무엇인가를 규명하기 위한 것이다. 이것은 인문학의 결정체다. 나를 발견하기 위해서 질문을 하다보면 수없이 많은 파생 질문들이 생겨나게 된다. 나는 어떤 존재인가? 나는 왜 살아야 하는가? 나는 어디서 와서 어디로 가는가? 이 삶의 의미는 무엇인가? 이런 밑도 끝도 없는 질문을 던지다 보면 정말 인생이 허무해지지 않을 수 없다. 나를 발견하기 위해서 금욕할 것인가? 아니면 쾌락을 느낄 것인가? 쾌락의 궁극적인 단계는 무엇인가? 이런 물음을 해결하기 위해서 각자 제시한 방법들은 서로 다른 것이다.

사람이 어떤 경로로 가든지 그 끝은 모두 다 같다. 죽음이다. 이것을 피할 사람은 어디에도 없다. 그래서 우리는 사후세계가 궁금하다. 하지만 아무도 죽었다가 살아나본 적이 없기 때문에 추론만 무성할 뿐 정확한 해답을 제시하지 못한다. 우리가 그토록 종교에 매달리는 것은 이러한 불확실성 때문일 것이다.

인간은 죽음 이후의 세계를 경험해 보지 못했다는 이유로 그것을 막연하게 두려워한다. 두려움은 점점 커져서 그것을 싫어하게 만든다. 우리는 죽음 이후의 세계를 경험하지 못했으면서도 그것을 나쁜 것이라고 믿게 되었고 죽은 사람을 불쌍하게 여기기 시작했다. 사실 불쌍한 것은 죽은 사람 당사자가 아니라 남겨진 우리들이다. 우리가 슬픈 것은 사랑하는 사람을 더 이상 볼 수 없다는 사실 때문이다. 사후세계가 좋은 것일 수도, 혹은 나쁜 것일 수도 있다. 하지만 동양사상에서는 그것이 좋고 나쁨을 넘어서는 절대적인 세계라고 가르친다.

좋고 나쁨은 육체적 판단이다. 만약 내가 없다면 이 세상이 폭발한다고 하더라도 무슨 의미가 있단 말인가? 만약 내가 없는 세상의 종말이 의미 있다고 느끼는 사람이라면 저 우주 끝에 있는 세계의 폭발에도 슬퍼해야 할 것이다. 광활한 우주에는 지구와 같은 별이 무수히 존재하고 그 속에는 우리가 알지 못하는 생명체들이 존재할 것이기 때문이다.

어떤 것이 의미 있게 느껴지려면 내가 존재한다는 것이 전제되어야 한다. 내가 존재한다는 것은 육체적으로 존재하는 것을 의미한다. 내가 존재하는 한 나는 무수히 많은 느낌들을 받는다. 그것들 중에서 어떤 것은 유쾌하고 어떤 것은 불쾌하다. 모든 사람은 유쾌한 것을 추구한다.

하지만 그 쾌락은 유한한 것이다. 쾌락의 끝까지 가면 불쾌한 것이 나타난다. 술을 마시면 잠시나마 현실세계를 잊고 쾌락을 즐길 수 있다. 하지만 계속 술을 마시면 오장육부는 뒤틀리고 급기야 자기가 먹은 것을 낱낱이 검토하는 상태에 이르게 된다. 그렇게 과음을 한 다음날이면 오만상을 찌푸리고 힘겹게 하루를 지내게 되는 것이다.

인간의 기본적인 욕망은 식욕, 성욕, 수면욕 이렇게 세 가지로 구분한다. 이것이 충족되지 않으면 살기 힘들다. 그러나 그것이 과해지면 어떻게 되는지 상상해 보라. 모든 것은 적당한 때 멈추는 것이 좋다. 하지만 적당한 때라고 느끼는 시점은 각기 다르다.

어쨌든 이런 쾌락들은 뇌에서 처리되고 그것의 경로는 정신적인 것과 동일하게 나타난다. 쾌락의 극치는 오르가즘이라고 표현할 수 있다. 남녀가 성관계를 하는 중에 최고조에 이르렀을 때의 느낌이다. 그것은 남녀가 완전히 하나가 되는 기분을 자아낸다. 그렇게 정렬을 불태우고 나서 현실세계로 되돌아오면 여전히 남남인 서로를 발견하게 된다.

어쩌면 우리가 추구하는 것은 단 한가지이다. 하나 됨이다. 내가 네가 되고, 네가 내가 될 수 있는 그 경험이다. 그 대상은 물질이든 비물질이든, 생물이든 무생물이든 사람마다 다를 수 있다. 그러나 어떤 대상과 하나 될 수 있는 능력을 가지게 된다면 그것이야말로 쾌락의 극치, 즉 오르가즘을 느낄 수 있을 것이다.

사람들이 그렇게도 이성을 만나고 합체가 되는 것을 추구하는 것은 잠시나마 이렇게 하나 됨을 느끼고 싶기 때문일 것이다.

정리하자면 모든 사람은 쾌락을 추구한다. 그리고 그 쾌락은 모두가 정신적인 것이다. 쾌락의 극치는 오르가즘이고 그것의 속성은 하나 됨이다. 우리는 살아있는 동안 무수히 많은 경험들을 한다. 어떤 것은 유쾌하고 어떤 것은 불쾌하다. 힘든 경험이 힘든 상황을 인내할 수 있는 능력을 향상시키듯 불쾌한 경험이 불쾌함을 이겨내고 유쾌하게 만드는 능력을 향상시킨다. 우리는 무수히 많은 대상들과 합체를 시도한다. 하지만 번번이 실패하고 가끔은 성공한다. 사람들은 타인에게 인정받는 것을 좋아한다. 그것은 내가 그 사람의 마음에 들었다는 것이고 이것은 말 그대로 그 마음에 들어가 하나 되는 느낌이 드는 것이다. 반대로 거부당하면 그와 접점을 찾지 못하고 떨어져 나가는 기분이 든다. 외톨이가 된다는 것은 이처럼 우리가 추구하는 쾌락, 즉 하나 되는 경험인 합체에 실패했기 때문에 싫은 것이 아닐까?

용서는 용서로서

내 정신이 고귀한 것이라고 믿었다가 그것이 탐욕 이외의 아무것도 아님을 깨닫게 될 때 나는 한 없이 작아진다. 우리가 외치는 정의란 나의 이익에 다름 아니다. 나는 나의 편의를 쉽게 정의라는 이름으로 포장한다. 그런 나를 인식하지 못하고 마치 자기가 정의의 화신인양 날뛰는 모습을 보면 가소롭기 그지없다.

그러므로 예수님은 이렇게 외치셨다.

"화 있을찐저. 외식하는 서기관들과 바리새인들이여"[9]

여기서 서기관들과 바리새인들은 그 당시 몇 안 되는 식자층이었고 사회에서 존경받는 위치에 있으며 스스로도 올바르다고 믿는 부류에 속한 사람들이다. 요즘으로 치자면 종교 지도자들이고, 교수들이며 정치인들인 샘이다. 소위 지도자라고 하는 사람들은 외식하는 행동들을 일삼는다. 그런 사람들은 외식하는 행위가 아니면 도무지 움직이려 하지 않는다. 평민들이라면 아무렇지도 않게 실천했을 선행을 온갖 미디어를 대동하고 나타나 작은 일을 하나 하고 전체를 자기 공으로 돌린다. 그리고 평민들이 하는 작은 잘못을 커다란 죄목으로 묶고 정죄하기 일쑤다.

이런 자들에게 예수님이 하신 욕은 가히 상상을 초월할 정도이다.

---

9) 대한성서공회, 『개혁한글 성경』, 마태 23:13,15,25,29

"뱀들아, 독사의 새끼들아 너희가 어떻게 지옥의 판결을 피하겠느냐?"[10]

우리가 하는 '개새끼'라는 욕은 귀여울 정도다. 독사새끼라는 말은 너무나 심한 욕임에도 그것만으로는 성에 차지 않는 듯이 저주를 퍼부으신다.

"그러므로 의인 아벨의 피로부터 성전과 제단 사이에서 너희가 죽인 바라갸의 아들 사가랴의 피까지 땅 위에서 흘린 의로운 피가 다 너희에게 돌아가리라."[11]

등골이 오싹하고 소름 돋는 말이 아닐 수 없다.
예수님이 우리들에게 하는 유일한 충고는 이것이다.

"외식하는 자여 먼저 네 눈 속에서 들보를 빼어라. 그 후에야 밝히 보고 형제의 눈 속에서 티를 빼리라."[12]

---

10) 대한성서공회,『개혁한글 성경』, 마태 23:33
11) 대한성서공회,『개혁한글 성경』, 마태 23:35
12) 대한성서공회,『개혁한글 성경』, 마태 7:5

모두가 죄인인 우리는 누가 누구에게 정죄할 권리 따위는 애당초 없었던 것이다. 그럼에도 우리는 내가 너보다 조금 낫다는 의식 때문에 타인의 잘못에 대해 지적하는 것을 조금도 망설이지 않는다. 잘못된 것은 잘못되었다고 말하는 것이 올바른 일이라는 알량한 양심으로 그것을 실행하는 것이다.

죄인이 구원받을 수 있는 방법은 회개하는 것뿐이다.

"만일 우리가 죄 없다하면 스스로 속이고 또 진리가 우리 속에 있지 아니할 것이요, 만일 우리가 우리 죄를 자백하면 저는 미쁘시고 의로우사 우리 죄를 사하시며 모든 불의에서 우리를 깨끗케 하실 것이요, 만일 우리가 범죄하지 아니하였다 하면 하나님을 거짓말 하는 자로 만드는 것이니 또한 그의 말씀이 우리 속에 있지 아니하니라."[13]

죄인이 죄가 없다고 주장한다고 해서 죄가 없어지는 것은 아니다. 우리는 태초에 원죄를 안고 태어난 죄인임에는 변함이 없다. 그러면서 예수님은 죄를 용서받을 수 있는 방법을 제시하신다.

---

13) 대한성서공회, 『개혁한글 성경』, 요한1서 1:8~10

"너희가 사람의 과실을 용서하면 너희 천부께서도 너희 과실을 용서하시려니와 너희가 사람의 과실을 용서하지 아니하면 너희 아버지께서도 너희 과실을 용서하지 아니하시리라."[14]

용서만이 용서받는 유일한 방법이라니 참으로 아이러니한 말이 아닐 수 없다. 얼마나 용서해야 하나? 이런 질문은 2천년 전에도 했던 것이다.

"그 때에 베드로가 나아와 가로되 주여 형제가 내게 죄를 범하면 몇번이나 용서하여 주리이까 일곱번까지 하오리이까? 예수께서 가라사대 네게 이르노니 일곱번 뿐 아니라 일흔번씩 일곱번이라도 할찌니라."[15]

이것을 490번이라고 해석하는 멍청한 사람은 없길 바라는 마음이다. 490번이라고 생각할 사람은 일곱 번도 다 채우지 못할 것이다.

---

14) 대한성서공회,『개혁한글 성경』, 마태6:14~15
15) 대한성서공회,『개혁한글 성경』, 마태 18:21,22

용서받은 자는 어떻게 해야 하는가? 예수님은 예를 들어 설명하신다. 여기에 일만 달란트를 빚진 자가 있다. 1 달란트는 6천 드라크마(데나리온)이다. 1 드라크마는 시골 노동자의 하루 품삯이다. 현대 기준으로 하루 일당을 10만원으로 한다면 이것은 6억이라는 큰돈이다. 그러면 일만 달란트는 6조에 해당한다. 그렇게 어마어마한 돈을 탕감 받았다. 그런데 자기에게 백 데나리온 빚진 자를 보고 감옥에 가두고 그 빚을 갚으라고 윽박질렀다. 참으로 황당하고 어이없는 일이 아닐 수 없다. 백 데나리온도 천 만 원이나 하는 돈이기 때문에 큰돈임에는 틀림없다. 그런데 6조를 탕감 받았는데 그깟 천 만 원을 받아내야 하겠는가 하는 생각이 든다. 그러나 우리가 꼭 그와 같은 짓을 하고 있다는 경고이다.

나는 저 사람의 죄보다 가볍다는 생각 때문에 그 사람을 쉽사리 용서하기 힘들다. 나는 천 만 원 탕감 받았고 저 사람은 내게 6조나 빚을 지고 있다는 상상이다.

타인을 정죄하지 않기 위해서는 어쩔 수 없이 자기 죄를 되돌아보는 수밖에 없다. 나는 죄인으로 살기 싫다. 하지만 그렇기 때문에 더욱이 내가 죄인임을 시인하면서 살 수밖에 없다. 이것이 더 큰 죄를 짓지 않기 위해 내가 생각해 낸 유일한 방법이다. 타인이 나를 힘들게 할 때 내가 그들을 그런 식으로 힘들게 하지 않았는지 되돌아본다. 그렇게 내 과거를 헤집어 보면 그 속에는 어김없이 그와 같은 내 모습이 발견되는 것이다.

창의성

나의 하나밖에 없는 아들은 고등학교를 1년만 다녔다. 1년도 채우지 못하고 말았다. 나는 정규 학교에 대한 필요성을 그다지 크게 느끼지 못하였고 그래서 대안적인 방법을 생각하고 있었다. 물론 정규 학교 과정에 잘 맞는 아이들은 그러한 교육을 받아야 한다. 하지만 모두가 그런 틀에 박힌 교육을 받을 필요는 없다고 생각한다.

지식은 '이것은 무엇이다.'라고 아는 것이다. 가령 '이것은 책상이다.', '이것은 의자다.'라고 하면 그는 책상과 의자에 대한 지식이 있는 것이다. 반면 지혜는 지식과 지식을 연결시킬 수 있는 능력이다. 나는 책상 앞에 의자에 앉아 글을 쓰고 있다. 책상과 의자는 단지 사물에 지나지 않는다. 하지만 나는 그것들을 이용해서 수없이 많은 일들을 할 수 있다. 의자를 딛고 서서 못을 박을 수 있고 눕혀 놓고 휴식을 취할 수 있다. 책상으로 말하자면 어떤 것을 만들 때 작업대가 되는가 하면 책을 쌓아 놓는 선반 역할을 하기도 한다. 그것의 용도는 내가 어떤 의도를 갖느냐에 따라 달라진다. 지혜로운 사람은 그 가능성을 무한히 열어 놓지만 지식에 갇힌 사람은 하나의 용도에만 집착한다.

창의성이란 아무도 생각해 내지 못한 방식으로 지식들을 연결시키는 능력이다. 해아래 새것은 없다. 이미 다 있었던 것들이다. 자동차가 처음 발명되었을 때 그것들을 이루는 요소들이 처음 만들어진 것은 아니다. 바퀴와 문짝, 의자와 핸들 수많은 부품들을 움직이는 집에 모아놓은 것이다. 엔진으로 말하자면 에너지의 폭발을 작은 실린더에 가둠으로써 그 효과를 극대화 시킨 방법이다. 이런 것들은 전에도 있었지만 어떻게 그것을 조합하느냐에 의해 자동차가 발명되었다.

미래는 창의적인 사람이 주목받는 세상이 될 것이다. 창의적인 사람에 대한 표어가 생각난다. 내가 다닌 대학에는 이런 표어가 큼지막한 현수막에 걸려 있었다.

"모범생을 넘어 모험생으로."

창의성이 넘치는 사람은 매사에 다른 사람이 생각하지 못하는 방식으로 지식들을 연결시킨다. 그러니 그들은 약간 엉뚱하게 보이기도 한다. '모범생을 넘어 모험생으로.'라는 대학교의 표어를 볼 때마다 의아한 생각이 들었다. 모범생은 모험생이 되기 힘들다. 흔히 말하는 모범생은 선생님이나 어른들의 말을 잘 듣고 따르며 규범에 충실한 학생이다. 대부분의 모범생은 틀에 박힌 사람이다. 그런데 모험가는 이런 규범을 과감히 떨치고 일어나 자기가 상상한 방식으로 행동한다.

콜럼버스는 동방견문록을 읽으면서 지구는 둥글고 세상은 그다지 크지 않다는 다소 엉뚱한 생각을 한다. 그리고 배를 타고 서쪽으로 계속 간다면 인도에 이를 수 있다고 굳게 믿었다. 그 당시 사람들은 바다 끝에는 낭떠러지가 있다고 믿었기 때문에 먼 바다를 항해하는 것을 두려워하였다. 그 행위의 옳고 그름을 떠나서 콜럼버스는 모험가의 전형을 보여준다.

창작활동은 무엇을 만드는 것에서부터 시작된다. 그것이 음식이든, 글이든, 그림이든 아무 상관이 없다. 만들다보면 자기만의 방식이 생기고 그것을 구체화하면서 창의성은 발달된다. 타인이 내가 만든 것을 좋아하든 혹은 아무 관심이 없든 관계가 없다. 어떤 것을 잘 하기 위해서는 그것을 지속적으로 반복하는 수밖에 없다. 반복하다보면 잘 하게 된다. 그것에 얼마나 많은 관심을 기울이느냐에 따라 잘하는 사람과 못하는 사람의 차이가 나타난다.

균형

아들이 내 노트북의 키보드를 보더니 스페이스 바를 오른손으로 누르냐고 묻는다. 나는 아무 생각 없이 '왼손으로 누르는데?'라고 대답한다. 그런데 스페이스 바를 유심히 보더니 '누가 봐도 오른손가락으로 누르는 것 같은데?'라고 반문한다. 그러고 살펴보니 나는 오른손으로 누르고 있었던 것을 알아챈다.

나는 좌우 균형을 맞추는 것을 선호한다. 오늘은 그것을 훈련하기 위해서 왼손 엄지로 스페이스 바를 누르기로 작정한다. 처음 하는 것이라 왠지 모르게 어색하다. 손가락은 생각을 따라서 움직여 나간다. 그런데 생각이 두 갈래로 나눠진다. 하나는 습관적인 생각이고 또 하나는 왼손가락을 써야 한다는 강박이다. 그것을 의식하지 않으면 자연스럽게 오른손 엄지로 그것을 누르고 있다. 왼손으로 누르려고 생각을 하면 또 다른 갈래의 상상력은 제한을 받는다. 글은 뚝뚝 끊기고 뭔지 모를 글들만 나열되고 있는 것 같다. 글을 중심에 놓고 생각한다면 오른손에게 그 역할을 맡기고 싶지만 왼손도 훈련이 되어야 하겠기에 그 의무를 쉽사리 허용하지 않는다.

그렇게 한참을 훈련하고 있는데 이번에는 오른손가락들이 좀 덜 움직이는 느낌이 든다. 처음에는 엄지손가락 때문인가 했는데 나머지 네 개의 손가락도 쉬고 있는 시간이 점점 늘어나고 있음을 감지한다. 자판을 자세히 살펴보니 왼손은 자음을, 오른손은 모음을 담당하고 있다. 한글의 특성상 자음이 써지는 빈도가 많기 때문에 왼손이 더 활발히 움직여야만 한다. 그런데 스페이스 바를 누르는 것까지 왼손에게 시키니까 오른손은 거의 노는 것처럼 느껴졌던 것이다.

엄지손가락으로 봐서는 오른손만 하는 것 같으니 왼손도 시켜주는 것이 맞을 것 같은데 전체적으로 보면 역시 오른손 엄지로 누르는 편이 나은 것이다. 전체와 부분은 이렇게 다르다.

생각을 생각하기

잠들고자 했으나 잠이 들지 않아 다시 이 자리에 앉았다. 이것저것 다 해보아도 글쓰는 것만큼 나를 잘 잠들게 하는 것은 없는 듯이 보인다. 글을 쓰다보면 두뇌를 많이 사용하게 되고 그만큼 에너지 소비도 많아져서 곧 피곤해진다. 잠은 피곤할 때 가장 잘 온다. 우습게도 나는 나를 피곤하게 할 요량으로 이 글을 쓰는 것이다.

고전과학에서는 뇌가 머리에 갇혀 있다고 생각했으나 현대에는 뇌가 신경을 타고 온 몸에 퍼져있다고 생각한다. 손가락이 느끼는 것은 손가락 자신이 아니라 신경으로 연결된 뇌에서 감지하는 것이다. 그러니 뇌와 손은 서로 분리된 것이 아니라는 점은 명확하다. 뇌가 손이고 손이 뇌이다.

생각은 뇌에서 일어난다. 하지만 생각의 최초 근원지는 어디인지 모른다. 하나의 자극이 들어오면 생각은 활성화된다. 자극이 없다면 생각도 없을 것이다.

나는 반대로 생각해 보았다. 자극이 생각을 만드는 것이 아니라 생각이 자극을 만든다. 예전에는 필요가 발명을 만든다고 하였으나 자본주의 사회에서는 발명이 필요를 창출한다. 즉 지금 당장 필요는 없지만 발명품을 보고 있노라면 필요할 것 같은 생각이 드는 것이다. 그래서 사람들은 쓸데없는 것들을 그렇게도 잘 사 모은다.

나는 영혼의 존재를 믿는다. 그것이 없다면 인생이 너무 허무할 것이다. 그만큼 사후세계에 대한 호기심도 크다. 육체는 유한한 것이고 영혼은 무한한 것이다. 그것은 모든 경전에서 가르치는 바이다. 하지만 우리의 인식능력은 유한하기 때문에 무한을 상상할 수 없다. 만약 우리가 그것을 상상했다면 그것은 이미 유한한 것이기 때문에 무한과는 거리가 멀다.

유한한 것이 무한한 것을 제한할 수는 없는 노릇이다. 작은 것이 큰 것을 담을 수 없는 것과 같다. 그런 측면에서 육체가 영혼을 소유한다는 것은 불가능해 보인다. 오히려 영혼이 육체를 소유하는 것으로 보아야 마땅할 것이다.

나의 가정은 이러하다. 영혼은 정신을 통해 육체를 지배한다. 영혼, 정신, 생각은 모두 비물질적이라는 공통점이 있다. 생각은 다소 유동적이라면 정신은 공고해진 생각이라고 볼 수 있다. 그리고 영혼은 절대 변하지 않는 순수한 상태이다.

우리는 타락이라는 과정을 통해 지구에 내려왔다. 이 또한 경전에서 가르치는 바이다. 성경에서는 아담이 타락의 시조가 되었다. 인간세계에서는 무엇이든 처음 겪은 사람이 존재하기 마련이다. 그러므로 그가 아니더라도 누군가가 그 역할을 감당했을 터이다. 그러므로 그가 비난의 대상이 되어서는 안 된다.

 육체가 타락하면서 우리는 자유를 상실하였다. 자유란 시공간의 자유를 의미한다. 공간적으로 땅에서 떨어져서는 살 수 없는 존재가 되었다. 중력은 우리를 땅에 딱 달라붙게 만들었다. SF 영화를 보면 죄수들을 통제하기 위해서 쇠붙이 신발을 신기고 그들이 뭔가 불손한 행동을 했을 때 옴짝달싹 못하게 자석을 가동시키는 것과 비슷하다고 느낀다. 인간은 공중을 나는 것을 꿈꿔왔다. 그래서 비행기도 나오고 패러글라이딩도 나왔다. 하지만 그 모든 것은 순간일 뿐 영원할 수는 없는 도구에 불과하다.

 우리는 공간적으로 땅에 붙어 있을 수밖에 없으므로 공간을 느낄 수 없게 되었다. 우리가 느낄 수 있는 공간은 한계가 있다. 가끔 비행기를 타고 하늘에서 육지를 내려 보면 그렇게 황홀할 수가 없다. 저것이 내가 사는 땅이라니 감회가 새롭다.

 육체적으로는 날아오를 수 없으니 상상의 날개를 펴고 공중부양을 시도한다. 생각에는 제약이 없다. 생각을 가두는 것은 다름 아닌 감각으로부터 이어지는 뇌이다. 뇌가 생각을 주도하는 것처럼 보이지만 실상은 뇌가 생각을 억압한다. 뇌의 시냅스들이 서로 화학물질을 주고받는 작용을 생각이라고 볼 수 있다.

하지만 다른 한편으로 나는 생각이라는 것은 이미 존재하고 그것을 물질세계에 실현시키기 위해 뇌를 움직인다고 보았다. 뇌가 생각을 만드는 것이 아니라 생각이 뇌를 움직이는 것이다. 우리 몸은 뇌가 명령하지 않으면 움직이지 않는다. 뇌사상태에 이른 사람이 움직일 수 없는 것과 마찬가지다. 그렇다고 그가 완전히 죽은 것으로 판명할 수 없는 것은 몸 이전의 무엇이 있다고 믿기 때문이다. 생각은 죽었으나 그것의 주인인 영혼은 아직 떠나지 않았다. 이것은 완벽한 이론은 될 수는 없다. 믿거나 말거나 단 하나의 추론에 불과하다. 하지만 가능성은 언제나 열려있다.

영혼은 순수하고 아무런 죄가 없다. 무형의 영혼이 물질세계를 느끼기 위한 수단으로서 육체를 창조한 것이다. 그것은 하나의 경험이다. 무수히 많은, 즉 무한의 경험들 중에 하나이다. 그러나 그 하나가 없다면 무한도 없다. 그러니 무한이 하나이고 하나가 무한이라는 말이 이해가 간다.

그런데 그 무한의 경험 중 하나인 육체가 타락을 하면서 영혼이 육체에 갇힌 꼴이 되었다. 그리하여 인간의 발은 무거워졌고 땅에서 떨어질 수밖에 없게 된 것이다. 공간적으로 우리가 땅을 떠날 수 없는 것과 마찬가지로 시간적으로 유한의 세계를 넘어설 수 없게 되었다. 성경에 노아의 홍수를 겪기 이전의 사람들은 몇 백년을 살았다고 기록되어 있다. 이것은 시간적으로도 우리 세대와는 비교할 수 없을 정도의 자유를 누린 셈이다. 현대의 과학이 아무리 발전했다 하더라도 백세가 넘어가면 정상적인 활동을 하기 힘들게 된다. 그것도 아주 일부의 사람만이 누릴 수 있는 혜택이다. 하지만 태초의 세계로 가면 아마도 사람이 시간의 제약을 받지는 않았을 것으로 생각된다. 시간이란 노화가 있을 때 의미가 있다. 전혀 늙지 않는다면 시간이 무슨 의미가 있을까?

다시 생각으로 돌아온다. 나는 내 의지로 무엇을 하려고 해보았다. 생활을 하다보면 문뜩 새로운 생각들이 떠오른다. 나는 그것을 글로 써보려고 책상에 앉는다. 하지만 그것은 절대로 글로 써지지 않는다는 것을 느낀다. 그렇게 아이디어만 끄적거리다 만 글들이 허다하다.

하지만 지금 이 순간은 자다 말고 일어나서 무작정 키보드를 두드리기 시작한다. 그런데 글은 술술 이어진다. 이것이 과연 내가 쓰고 있는 것인지 의심이 든다. 이런 생각들은 어디에서 오는 것일까? 나는 영혼과 대화를 나누고 있다고 느낀다. 영혼은 나에게 말을 건다. 영혼은 내 생각을 움직이고 그것이 현실화되게 만든다.

'사람이 마음으로 자기의 길을 계획할지라도 그 걸음을 인도하는 자는 여호와시니라'[16]

마음으로는 무엇이든 다 할 수 있을 것 같지만 실행되는 것은 내 마음과 같지 않다.

[16) 대한성서공회, 『개혁한글 성경』, 잠언 16:9

무엇을 주고 무엇을 얻을 것인가?

　자본주의 사회에서 돈을 얻는 것은 매우 중요한 과제이다. 그래서 우리는 돈 버는 일에 혈안이 되어있다. 돈이 된다면 영혼이라도 팔 기세다. 하지만 여기서 우리가 눈여겨보아야 할 점은 무엇을 얻느냐가 아니라 무엇을 주느냐이다.

　나는 젊음을 주고 경험을 사라고 말한다. 우리가 깨어있는 동안 아니 살아있는 동안 수많은 경험을 하게 된다. 하지만 우리는 무지불식간에 그 경험들을 하고 있음을 깨닫지 못하고 시간을 허비한다. 그것이 가장 아까운 순간이다. 무엇을 주었다면 어떤 것을 얻어야 한다. 주고도 받지 못하면 가장 어리석은 거래가 되는 것이다.

　영혼을 팔아서 돈을 사는 것은 현명한 거래일까? 돈이라면 뭐든 가능한 자본주의지만 그래도 살 수 없는 것은 존재한다. 내가 팔기 싫다면 상대는 살 수 없는 것이다. 그렇게 버티면 가치는 상승한다. 거래가 되지 않기 때문이다. 경매 시장에서 가격이 오르는 것은 그 물건 자체의 객관적인 가치가 상승해서라기보다는 그 물건을 사기 위해 경쟁해야 하기 때문이다. 사려는 사람과

팔지 않으려는 사람의 줄다리기는 계속되고 최고가에 낙찰이 된다. 둘 다 만족했다면 좋은 거래라고 생각한다.

나는 무엇을 주고 무엇을 받았는가? 인간은 매 순간 하나의 경험만 할 수 있다는 한계를 지니고 있다. 우리는 시간의 지배를 받는 족속이다. 그러니 동시간대에 두 가지 행동을 할 수가 없다. 하나의 물건에 대해서도 두 가지 감정을 갖기 힘들다. 하나를 선택하고 나면 하지 못한 다른 하나에 대해 언제나 미련이 남는다. 내가 선택한 길이 옳은 것일까? 그 결과는 인생을 다 산 후에야 알 수 있다. 인생이 만족스러웠다면 좋은 선택이라 할 것이고 불만족스럽다면 나쁜 선택이라 할 것이다.

사실 자본주의가 그렇게 찬양하는 돈의 관점에서 보자면 감정이란 쓸데없는 요소이다. 감정이 돈을 벌어주지 않는다. 네 감정 따위는 팔아버리고 돈에 집중해야 부자가 될 수 있다. 그것은 일면 맞는 말이다. 감정이 밥 먹여주지 않는다. 그것은 하나의 파동이고 아무런 가치도 없는 것 같다. 하지만 다른 한편으로 어떤 것을 얻었다면 그것에 대해 만족감을 느끼는 것도 감정의 일환이다. 좋고 나쁘다는 것을 판단하는 기준이 감정이 되는 것이다. 그러니 돈을 버는 행위를 통해 만족했다면 그 또한 감정이 하는 일이므로 돈을 버는 일도 하찮은 것이 된다.

자본주의 사회에서는 돈이라는 절대적인 가치 기준이 존재한다. 하지만 우리에게는 돈으로 환산할 수 없는 수많은 가치들을 가지고 있다. 조금만 눈을 돌려 세상을 보면 돈으로 환산할 수 없는 것들이 내 곁에 존재한다는 것을 깨달을 수 있다.

사랑이라고 하는 감정은 그 사람을 위해 헌신하게 하는 원동력이 된다. 엄밀히 말해 사랑하는 사람에게 노동력을 제공하고 사랑이라는 감정을 얻는다. 자본주의 사회에서는 돈이 최고의 가치를 점하고 있기 때문에 사랑이 돈으로 환산되지 않는다면 도무지 사랑 따위는 하지 않으려고 하는 경향을 보인다. 그러니 요즘 젊은이들이 결혼하지 않으려 하고 자식을 낳지 않으려고 하는 것은 자본주의적 교육의 결과물이라 할 수 있다.

저출산 문제를 해결하기 위해 다양한 시책들이 나오고 있다. 하지만 우리가 돈을 최우선으로 생각하는 풍토를 바꾸지 않는다면 이러한 시류는 한동안 이어질 것이다. 그러나 시류라는 것은 하나의 물결이고 그것이 영원하지 않다는 점에서 안도감을 느낀다. 어느 순간에 유행이 바뀔 수 있다. 그것이 어떤 현상에 의해 촉발될 가능성이 있다. 돈이 최고의 자리에서 내려오고 다른 어떤 것이 그 자리를 점하게 된다면 사람들은 다시 사랑에 눈길을 돌릴지도 모르는 일이다.

돈은 그저 거래의 수단으로서 중요한 것이지 그것이 우리 인생 전체를 점할 수 있는 그런 존재가 되어서는 안 된다. 나는 일을 한다. 일이란 돈을 벌기 위해서 하는 행동이다. 깨어 있는 동안에는 어떤 행동이라도 하게 된다. 누워서 뒹굴거리는 행동을 할 수도 있고 다른 소소한 행동들을 할 수 있다. 밥을 먹기 위해서는 어쨌든 몸을 움직여야 한다. 먹고 싸고 하는 행동들을 하지 않고서는 살아갈 수가 없는 것이다.

매 순간 교환은 일어난다. 사람은 이산화탄소를 내뿜고 나무는 산소를 만들어 낸다. 동물이 똥을 싸면 식물은 그것에서 영양분을 공급받는다. 동물은 다시 식물을 먹어 영양분을 얻는다. 해 아래 새 것이 없나니 모든 것은 돌고 돌아 제자리로 간다.

몸을 움직여서 돈을 벌고, 돈은 우리를 먹여 살린다. 하지만 그 과정 속에서 우리는 무엇을 주고 무엇을 얻는지 곰곰이 따져 볼 필요가 있다.

변화하는 삶

시간이 흐르는 것을 느껴본 적이 있는가? 시간은 흐르지 않는다. 다만 내가 나이 들어갈 뿐이다. 시간이라는 것은 애초에 존재하지 않는 허상이다. 그것은 우리가 늙어가는 것을, 아니 행동을 기록하기 위해서 만들어낸 창작물이다.

인간은 움직인다. 한 순간도 멈춰있지 않다. 그 모든 행동 하나하나가 '나'라는 인간을 만든다. 나는 단지 지금의 이 형상 그 자체만은 아니다. 조각상이라면 하나의 실체에 만족할 것이다. 조각상마저도 정면과 후면 또는 그것을 바라보는 각도에 따라 서로 다른 느낌을 자아낸다. 그러니 그것도 또한 하나의 모습은 아니라고 해야 할 것이다.

우리는 우리가 바라보는 관점에서만 그것을 볼 수가 있다. 그러나 내가 보는 관점은 타인이 보는 관점과는 완전히 다른 것이 될 가능성이 크다. 그럼에도 불구하고 자기가 본 관점이 절대적이고 올바른 것이라고 믿는 어리석은 자들이 있다. 바로 내가 그런 자들 중의 하나이다. 그러니 자신이 어리석다는 것을 인정하지 않는 사람이야말로 정말로 어리석은 사람이라 할 것이다.

정지해 있는 물체라고 하더라도 이처럼 바라보는 관점에 따라 다양한 면모를 보여주는데 움직이는 동체는 두말할 필요가 없을 것이다. 우리는 어느 순간 내가 아는 그 사람이 아닌 것 같다는 느낌을 받을 때가 있다. 그것은 내가 보는 그 순간에 그 사람의 행동이 달라진 것을 감지한 것에 지나지 않는다. 어쩌면 그는 그 순간이 지나고 나면 다시 내가 아는 그로 되돌아갈 수도 있다. 하지만 우리는 스토커가 아닌 이상 그를 그렇게 오래 관찰하지 않을 것이고 우리가 가진 이미지는 그 순간에 고착되고 말 것이다.

이러한 판단은 시간을 고려하지 않은 관점에서 나오는 것이다. 순간의 실수로 나쁜 사람이 되는 것과 마찬가지로 순간의 선행에 의해 좋은 사람으로 판명 받는 경우도 종종 있다. 이것은 많은 사기꾼들이 쓰는 수법이다. 우리는 그 사람의 전체를 보기 힘들다. 인간은 시간의 지배를 받고 있다. 행동을 전체적으로 볼 수 있으면 좋겠지만 그렇게 하기에는 우리의 노력이 너무나 아깝다고 느낀다. 그래서 특정한 시간에 나타난 단편적인 모습만을 가지고 그 인생 전체를 판단하는 오류를 범하기도 한다.

사람이 변한다고 느끼는 것은 그를 만나는 시간마다 다른 행동을 보여주기 때문이다. 실상 우리는 완전히 동일한 행동을 할 수는 없다. 그러니 그가 가진 일관성을 찾으려고 노력한다. 이랬다 저랬다 하는 사람을 줏대가 없다거나 주관이 뚜렷하지 않다고 비난하는데 그것은 보는 사람의 편의를 위한 판단 기준에 지나지 않는다.

타인에게 피해를 입히지 않는다면 우리는 충분히 방황할 자유가 있다. 그럼에도 불구하고 내가 그를 판단하기 힘들다는 이유로 그의 자유를 제약한다면 그것은 부당한 요구가 아닐 수 없는 것이다.

사실 우리의 머릿속에서 일어나는 상상은 순간적인 것이다. 건축가가 어떤 건물을 설계하려고 할 때 그것의 전체적인 모양은 머릿속에 그려지게 된다. 그러나 그것을 표현하기 위해서는 뼈대를 세우고 살을 붙이고 창호를 넣으면서 완성해 갈 수밖에 없다. 건물을 한꺼번에 뚝딱 만들어 낼 수 있는 위인은 없다. 훌륭한 요리사는 머릿속으로 음식의 맛을 상상한다. 그리고 그 맛을 구현해 내기 위해 여러 가지 재료들을 첨가한다.

인생은 순간적으로 번쩍이는 섬광과 같다. 나는 시간을 느끼기 위해 과거로부터 미래까지 내 삶을 훑어본다. 때로는 아찔하고 때로는 아련하다. 그 삶은 내 안에 오롯이 녹아져 있다. 나는 때때로 그것을 꺼내 보면서 인생을 만끽할 수 있다.

단 하루도 그냥 보낸 적이 없다. 아무리 그냥 보내려고 해도 그것은 되돌아온다. 자석이라도 되는냥 찰싹 달라붙는다. 나는 그것을 거부하지 못한다. 너무 답답해도 누구에게 말할 수조차 없다. 그것은 오롯이 나 자신의 과제이고 내가 풀어야 할 매듭이다.

너는 무엇을 하고 있는가?

　나는 운명론자다. 운명이 나를, 내 육체를 이끈다고 생각한다. 언뜻 생각하기에는 사람의 삶이 운명 지어 졌다면 우리가 할 수 있는 일은 무엇인가라는 의문이 든다. 하지만 그것은 행위에만 치중한 나머지 그것에서 느껴지는 느낌을 도외시하는 생각이다.
　어떤 행동을 하느냐와 마찬가지로 어떤 느낌을 갖는가도 중요하다. 무엇을 하느냐에서 어떻게 느끼느냐로 옮겨가는 것이다. 우리는 그간 무엇을 하느냐를 너무나 중요하게 생각해 왔다. 공부를 하는 것은 내가 무엇을 할 것인가를 결정짓는 과정이다. 학생들의 꿈은 좋은 성적을 거둬서 유명 대학에 입학하는 것이다. 서울대를 나온 학생들은 좋은 직장에 취직하는 것이 목표다. 직장에 취직하면 높은 자리에 올라야 하고 더 많은 연봉을 받기 위해 자기 자신을 불태운다. 이렇게 더 높은 곳으로 오르다 보면 끝이 보일까?
　60억 인구가 살고 있는 지구에는 그 숫자만큼이나 다양한 삶이 있다. 학교에서는 모든 직업이 소중하고 가치있다고 가르친다. 하지만 막상 자기 아들이 일반적으로 하찮다고 생각하는 직종에 관심을 기울이면 그것을 가로막고 더 좋은 직업을 탐색하도록 독려할 것이다.

한 아이가 『청소부 밥』이라는 책을 읽고 부모에게 "나는 청소부가 될 거야."라고 말했다. 부모는 아이에게 "청소부도 좋지만 강의하는 청소부는 어떨까?"라고 진심어린 충고를 건넨다. 부모는 아이가 더 나은 삶을 살기 원한다. 그리고 더 나은 삶이란 대중이 선호하는 직업을 갖고 돈을 많이 벌 수 있을 때 가능하다고 믿는다.

정치권 일각에서는 기본소득을 제공하자고 주장한다. 하지만 높은 자리에 있는 사람들은 그렇게 되면 사람들이 돈을 벌기 위해서 하던 작고 하찮은 일은 누가 할 것인가 걱정 한다. 자본주의에 찌든 우리는 돈이 아니면 도무지 움직이려 하지 않는다고 믿는다. 하지만 사람은 가만히 멈춘 상태를 견디지 못한다. 뭐라도 해야 하는데 그 동력이 돈이 아니라면 자기가 좋아하는 일이 될 것이다. 좋아하는 일이라면 시키지 않아도 열심히 하게 될 것이다. 이런 시스템의 변화는 얼마간의 혼돈을 야기하겠지만 그래도 시간이 지난 다음에는, 왕정에서 민주정으로 옮겨간 것처럼, 안정된 모습을 보이게 될 것이다.

사람들이 돈을 위해서 일하지 않는 것처럼 누군가의 관심을 끌기 위해서 어떤 일을 하지 않아도 되는 시점이 올 것이다. 사실 사람들의 관심은 성가신 것이 아닐 수 없다. 내가 대중이 좋아하는 행동을 할 때는 별 문제가 되지 않겠지만 그들의 기준에 못 미치거나 혹은 전혀 다른 방향으로 나갈 때 나를 좋아해 주던 사람들은 곧바로 비난하는 쪽으로 돌아서게 될 것이기 때문이다. 알려지지 않은 사람의 행동이라면 전혀 문제되지 않을 것들도 공인이라는 이유로 이슈가 되고 그 사람의 자유를 제약하는 것들을 종종 보게 된다.

무엇을 위해서 달려가는 생은 마치 앞만 보고 달리는 경주마 같은 기분을 자아낸다. 경주마는 자기가 달리고 있는 것 외에는 아무것도 느낄 수 없다. 오로지 결승선에 도착해야만 그 일은 끝나게 된다. 하지만 경주를 하지 않을 때 그는 비로소 자연을 만끽하며 다양한 감정을 느낄 수 있게 된다. 자본주의는 우리를 성공이라는 목표를 향해 달리도록 채찍질한다. 하지만 조금만 자신의 생을 되돌아보면 과연 내가 꿈꾸던 삶이 이런 것인지 회의에 빠지게 된다.

나는 누가 어떤 삶을 살든 그것은 가치 있는 삶이고 그 속에도 엄청난 느낌과 의미가 담겨 있다고 믿는다. 우리가 이 세상에 태어났을 때는 허투루 살라고 그냥 던져진 사람은 없다. 일분일

초가 아까운 생을 무엇을 얻기 위해서 소비한다면 그것은 낭비가 아니라고 말할 수 없다. 무엇을 얻기 보다는 내가 얻은 것의 가치를 깨닫고 그 의미를 찾아보는 편이 나을 것이다.

나의 이러저러한 삶은 타인의 이러저러한 삶과 마찬가지로 소중하다. 반대로 타인의 삶은 나의 삶과 마찬가지로 소중한 것이다. 이런 관점으로 내 삶을 돌아보면 문득 그것이 아련해지고 다시금 보듬어 보고 싶은 느낌을 불어넣어 준다.

어제 저녁 가족들과 식사를 하였다. 부모님은 자신이 살아온 시절을 회고하며 옛날이야기를 들려주신다. 지금 듣기에는 마치 300년이나 된 이야기로 들리지만 그것은 겨우 3~40년 전의 일이다. 현대에는 기계가 인간의 일을 대신한다. 8~90년대만 하더라도 넓은 논을 경작하기 위해서는 많은 일손이 필요했다. 그 필요 때문에 어쩌면 자식을 많이 낳아야 했던 것인지도 모른다. 아무리 많은 사람이 매달려도 그 일은 일찍 끝나지 않았다. 농사일은 때가 있는 법이고 그 시기가 지나가면 농작물을 수확할 수 없기 때문에 정해진 시간 안에 그 일을 모두 해치워야만 한다. 자기 한 몸 건사하기 위해서 하는 일이라면 차라리 쉬웠을 것이다. 하지만 먹여 살려야할 자식들이 있고, 봉양해야할 부모님이 계시기 때문에 일을 서너 배 많이 해야 한다. 새벽에 시작한 일은 밤

늦게까지 이어진다. 논농사에서 가장 큰 일은 모내기와 추수다. 그 시기만큼은 놓쳐서는 안 되기에 많은 인력을 확보하는 것이 큰 과제였다. 그들은 그렇게 허리 펼 겨를도 없이 시간과의 싸움을 벌이며 살아왔다. 시간이 다 지난 현재에는 아름답게 이야기로 풀어낼 수 있지만 그 당시야 죽기만큼 힘들었을 터이다. 그들의 고단했던 삶을 생각하자니 가슴이 먹먹하고 아련해진다.

우리 부모의 삶은 대중이 상상하는 화려한 것이 아니다. 그렇다고 해서 그들의 삶이 하찮거나 무의미하다고 누가 단정 지어 말할 수 있을 것인가? 나는 오히려 그 농부의 삶이 이 사회를 지탱해 주었고 우리가 살아갈 수 있는 기반이 되었으며 현재가 있도록 만든 근본이었다고 말하고 싶다. 기초가 튼튼하지 않으면 집은 언제라도 무너질 수 있다. 그런 기초를 다져주셨기에 현재 우리가 이렇게 호화롭고 편안하게 살 수 있는 것이다.

무엇이 되고 싶은가를 생각하기 전에 나는 무엇을 하고 있는가에 관심을 기울이면 좋겠다. 『그리스인 조르바』에서 조르바는 주인공에게 이렇게 충고한다.

"내게 중요한 것은 오늘, 이 순간에 일어나는 일입니다. 나는 자신에게 묻지요. 〈조르바, 지금 이 순간에 자네 뭐 하는가?〉〈잠자고 있네. 그럼 잘 자게.〉〈조르바, 지금 이 순간에 자네 뭐 하는가?〉〈일하고 있네.〉〈잘해 보게.〉〈조르바, 자네 지금 이 순간에 뭐 하는가?〉〈여자에게 키스하고 있네.〉〈조르바, 잘해 보게. 키스할 동안 딴 일일랑 잊어버리게. 이 세상에는 아무것도 없네. 자네와 그 여자밖에는. 키스나 실컷 하게.〉"[17]

미래를 생각하느라 현재를 흘려보내는 어리석은 짓을 하지 않도록 각성하는 편이 좋겠다. 어차피 우리가 살아야 할 시간은 순간이다. 과거건 미래건 현재라는 순간의 연속이다. 현재를 놓치고 미래를 잡는다고 하더라도 그것도 순간에 지나지 않는다. 똑같은 순간인데 확실히 존재하는 현재를 버리고 있을지 없을지도 모를 미래를 추구한다는 것은 어불성설이다.

다시 나에게로 돌아온다. 〈너는 지금 무엇을 하고 있는가? 글을 쓰고 있다. 잘 쓰게.〉 〈너는 지금 무엇을 하고 있는가? 글을 읽고 있다. 잘 읽게.〉 허튼 생각일랑 집어 치우고 그 속으로 **빠져** 들어야겠다.

---

[17] 니코스 카잔차키스, 이윤기 옮김, 『그리스인 조르바』, 경기: 열린책들, 2011, p391

선과 악

　영화 '서울의 봄'을 보았다. 너무나 분통이 터지고 울화가 치민다. 영화관을 나와서 집에 오는 내내 기분이 너무 나빴다. 밖에 대고 욕이라도 실컷 해주고 싶었다. 하지만 그런다고 뭐가 달라질 것인가. 역사는 반복되고 현재도 별반 다를 것이 없다는 점에서 상실감만 커진다.

　왜 항상 악의 세력은 성공하고 선의 세력은 실패하는가. 내가 발견한 이유는 의외로 간단하다. 악의 세력은 오로지 일신의 영달만을 추구한다. 그것을 위해서라면 수단과 방법을 가리지 않는다. 거짓이든 진실이든 그것은 중요하지 않다. 자신의 목표를 이룰 수만 있다면 그들에게는 모든 것이 정당한 도구가 되는 것이다.

　반면 스스로 착하고 정의롭다고 여기는 측은 생각이 많다. 가장 먼저 선의 세력은 무엇이 정의인가를 정의내리기 힘들어 한다. 영화에만 국한해서 보자면 먼저 쿠테타를 막아야 하는 측은 반란군의 진압이라는 명백한 목표가 있었음에도 불구하고 그로 인해 발생하는 부차적인 피해도 고려해야만 했다. 이렇게 하는 것이 옳은가 하는 의구심은 항상 따라다닌다. 마지막 장면에서 반란군의 수뇌부가 모여 있는 건물에 포탄을 날리는 것만이 최후의 방법이었음에도 불구하고 그 주변에 있는 민간인의 피해를 두려워한 나머지 실행에 옮기지 못하였다. 만약 반란군이 그와 같은 상황이었다면 주저하지 않고 포격했을 것이다. 결과론적인 이야기지만 그 때 피해를 당했을 민간인의 숫자보다 반란군이 집권해서 살상한 민간인의 숫자가 훨씬 더 많았고 일반 대중이 겪어야 할 고충이 훨씬 더 컸다는 점에서 그 때 포격을 감행하지 않은 것이 크나큰 실수였다는 미련을 남긴다.

둘째로 악의 세력에게는 그들의 행동으로 인해 스스로에게 주어질 이득이 분명한 반면 선한 세력에게는 그것이 모호하고 오히려 자신들을 향한 비난의 화살이 될 수도 있다는 점이다. 반란군에게는 쿠테타가 성공하면 정권을 잡을 수 있다는 확실한 당근이 존재한다. 하지만 진압군측은 그들과 싸워 이긴다고 하더라도 전투 과정에서 발생하는 불가피한 피해에 대해서도 책임져야 할 소재가 분명히 존재한다. 상이 아니라 벌을 받을 수도 있다. 그러므로 그들은 전면전을 망설이지 않을 수 없었다.

김재규는 치밀한 계획으로 악의 축을 제거하는데 성공하였다. 하지만 그 다음 단계가 흐지부지 되었다. 악의 우두머리만 없애면 모든 것이 해결될 것으로 상상했을까? 그렇게 그는 악을 제거하는데 성공했지만 그 자리에 공백을 만듦으로써 더 큰 악을 불러들이는 실수를 저질렀다. 반면 전두환은 자신이 대한민국 1호가 되는 꿈을 이루기 위해 자기가 동원할 수 있는 모든 세력과 모든 권모술수를 사용하였다. 그것은 적군과 아군을 가리지 않았다. 회유하고 겁박하고 심지어 폭력을 사용해서라도 항전하려는 의지를 꺾어 버렸다.

셋째, 선의 세력은 각자 생각하는 것이 조금씩 달라서 그 의견의 일치를 보는데 많은 시간이 요구되는 반면 악의 세력은 먹이를 사냥하는 맹수 같아서 오로지 앞만 보고 달리기 때문에 행동 강령이 확실하다. 자기에게 장애물이 된다면 제거한다. 생각이 많으면 우왕좌왕 할 수밖에 없다. 그러는 사이 적들은 일사분란하게 작전을 수행했고 그 결과는 불 보듯 뻔한 상황이 연출되었다.

물질적인 풍요를 꿈꾸는 자본주의 사회에서 정의가 승리하기란 이렇게 힘들다. 사람들은 정신적인 성장 보다는 물질적인 풍요를 더 크게 생각한다. 물질을 얻기 위해서는 정신 같은 것은 헌신짝 버리듯이 한다. 학교에서는 정신을 키우기 보다는 물질을 얻는 방법을 가르치는데 더 치중한다. 우리 사회가 어떻게 물질만능주의가 되었는지 교육의 현실을 보면 명백하게 알 수 있다. 교사와 그 상위 계층인 교수는 정신적 지주가 되기를 포기한 듯하다. 그들은 단지 교육이라는 수단을 통해서 돈을 버는 기계가 되기를 자처해 가고 있다.

물질 추구는 가르치지 않아도 인간의 욕구라는 본능에 따라 잘 해 나갈 것이다. 그렇다면 우리는 무엇을 교육해야 하는가? 과거 굶주려서 배고픈 시절에는 기술이 최고이고 가난에서 벗어나는 것이 최우선 과제가 되어야 했다. 하지만 현재 대한민국은 경제적 규모에서 보자면 선진국의 반열에 올랐다고 해도 과언이 아니다. 그러나 정신적인 측면에서 보자면 아직도 후진국을 면치 못하고 있는 듯이 보인다. 우리는 아직까지 노벨상을 탈만한 학자를 배출하지 못하였다. 노벨상을 타는 것이 목표가 아니라 하더라도 그만한 자질을 가진 학자가 부재하다는 것이 문제이다. 우리는 그 어떤 자본주의 사회보다 더 자본주의화 되어가고 있는 듯한 느낌이 든다.

학교는 더 이상 돈 버는 기계를 양성하는 곳이 되어서는 안 된다. 현대 사회가 폭력적으로 변해가는 것에 대해 다들 문제라고 지적한다. 그러나 사람은 교육의 결과물이다. 그가 어떤 환경에서 어떤 교육을 받았고 자랐느냐에 따라 인성은 결정된다. 학생들이 폭력적인 성향을 나타낼 때 그것은 학생들 자신의 문제라기보다는 그들을 양육하고 가르치는 어른들의 문제로 인식해야 하는 것이다.

악의 세력을 만드는 것도, 선의 세력을 만드는 것도 우리들이다. 선과 악은 단지 그 결과물에 지나지 않는다. 악을 처단했다고 해서 선이 그 자리를 차지하지 못한다. 오히려 더 큰 악이 판치는 세상이 될 수도 있다. 그렇다면 우리가 해야 할 일은 명백해 진다. 우리 아이들에게 선이 무엇인지 가르치고 그것을 실행할 수 있는 자질을 키워줘야 한다. 선이 무엇인가 생각하는 것이 각기 다 다를 수 있다. 그 다름을 모두 인정한다고 하더라도 최소한 물질이 최고의 선이라는 점은 명백히 거부해야 할 것이다.

어느 사회든 선과 악은 공존한다. 다만 우리는 선의 세력, 즉 정신적 성장을 갈구하는 희망이 더 커지기를 바랄 뿐이다. 물질은 도구에 지나지 않는다. 그것 자체가 목표와 목적이 될 때 우리는 끝없는 악의 구렁텅이로 빠져들고 말 것이다.

자타 自他

심장이 멈추면 사람은 죽는다. 호흡이 멈춰도 죽는다. 그러나 그것은 내가 멈추려고 해도 말을 듣지 않는다. 반대로 뛰게 하려고 해도 말을 듣지 않는다. 그것은 오롯이 자기만의 길을 간다. 심장도 수명을 다하면 멈추고 뛰어야 할 시간에는 잠들지 않는다.

나는 내 의지로 사는 것이 아니라 심장의 노고로 살려지고 있다. 살려지고 있는데 스스로 살아가고 있다고 착각을 하고 있다. 평상시 나는 그들을 느끼지 못한다. 하지만 어느 순간 갑자기 멈칫할 때 그 존재를 지각한다. 그러다 다시 일상으로 돌아가면 그것을 잊고 없는 것처럼 살아간다.

나를 관찰하자면 먼저 나를 살리고 있는 그 존재부터 인지해야 할 것이다. 숨을 깊게 들이쉰다. 가슴이 부풀어 오른다. 내 속으로 공기가 들어간다. 폐를 빵빵하게 부풀리고 다시 내려간다. 탄력을 잃지 않게 하려면 많이 사용해야 한다. 이미 내 폐는 나이가 들어가면서 노후화 되었을 것이다. 젊을 때를 생각하고 힘차게 가동시킨다. 이렇게 해서는 결코 감당하지 못할 것이다.

나는 무엇인가? 여기에 나라고 하는 형상이 있다. 그것은 외부 세계와 구분되어 있다. 나라고 하는 존재는 명확히 떼어낼 수 있는 것이다. 나의 형상 안에 있는 것은 나이고 내 밖에 있는 것은 타(他)이다.

나를 관찰해 본다. 숨을 깊이 들이쉬면 공기가 내 안으로 들어온다. 바깥에서 타(他)였던 공기는 내 속에 들어와서 자(自)가 된다. 그런데 조금 지나서 내 속에 있던 공기와 버무려져 바깥으로 나간다. 타(他)가 되는 것이다.

공기의 입장에서 보자면 나였던 것을 다른 사람이 마시면 그 사람의 일부는, 그것이 천만분의 일이라 할지라도, 내가 되는 것이다. 나는 그 속으로 들어가고 그는 또 내 속으로 들어온다. 이렇게 호흡을 같이 하는 사람들 사이에서는 나와 남의 경계가 무색하게 된다.

공기와 마찬가지로 물이 없으면 사람은 살 수가 없다. 나는 물을 마신다. 하지만 물을 평생 가둬둘 수가 없다. 그래서 다양한 경로로 내 안에 있던 물을 배출하게 된다. 나였던 것이 타(他)가 되는 것이다. 그 물은 흘러서 지하수가 되고 상수원으로 흘러들어 우리의 식수가 된다. 타(他)였던 것이 자(自)가 되는 것이다.

이렇게 자타(自他)의 순환현상은 무수히 반복된다. 하지만 우리는 서로가 공존의 수레바퀴에서 살아가고 있음을 자각하지 못한다. 내가 사는 것이지 네가 살려주는 것이 아니라고 생각한다. 내가 잘해서 사는 것이지 누가 내게 잘해주는 것이 아니라고 믿는다.

다시 내 몸을 돌아본다. 가슴에 손을 얹고 심장 박동을 느껴본다. 아프지 않으면 전혀 돌아보지 않을 심장이다. 손의 따뜻함이 가슴에 전해진다. 사랑이 관심이라면 심장은 그것을 느꼈을까? 의식하지는 못하겠지만 우리 모두는 하나로 연결된 존재들이고 서로를 살려주는 역할을 하고 있다는 생각이 든다.

자유 고양이

야윈 고양이를 보았다. 태어난지 얼마 안되 보이는데 먹이를 찾지 못해 위험한줄 알면서도 사람에게 접근한다. 우리는 야외에서 바비큐를 하고 있었다. 고기를 굽다가 실수로 바닥에 떨어뜨렸다. 고양이는 옆에서 눈치만 보고 있다. 고기를 멀리 던져준다. 슬금슬금 다가와서 낼름 주워 먹는다. 멀리 가지도 않고 도망칠 수 있는 적당한 거리에서 우리를 살펴보고 있다. 이번에는 장어 껍질을 주었다. 장어 맛을 본 이후로는 다른 것에는 입을 대지 않는다. 새우도 줘 봤지만 관심이 없다. 오로지 장어만 기다린다. 장어 냄새에 현혹되어 점점 더 가까이 다가온다. 급기야 내 손으로 준 장어를 받아먹는다. 그렇게 고양이와 나는 가까워졌다.

다음날 출근하면서 보니 고양이는 도망가지 않고 문 앞을 지키고 있다. 아직도 허기진 모양이다. 하기야 줄곧 못 먹었으니 먹을 것이 갈급하기는 할 것이다. 고양이 사료도 없어서 치즈를 잘라 주었다. 쥐라면 치즈를 좋아했을 텐데 고양이는 어떨지 모르겠다. 어짜피 먹을 것이 없으니 그거라도 먹지 않겠나 싶어 던져주고 일을 시작한다.

조카가 키우는 고양이가 먹지 않는 사료가 있어 그것을 길냥이의 먹이로 주었다. 집에서 키우는 고양이는 거들떠보지도 않던 것인데 우리 고양이는 잘도 먹는다. 며칠이 지나지 않았는데 벌써 친분이 깊어졌다. '두두'라고 이름을 지어줬다. 어쩌다 그 이름이 되었는지 모르겠다.

사료는 잘 먹는다. 그런데 덩치가 두두의 두 배정도 되는 고양이가 그 먹이를 호시탐탐 노린다. 나는 두두가 사료를 잘 먹는지 옆에서 지켜보고 있다. 나를 두려워하지 않는 두두는 잘 먹지만 뚱보 고양이는 내가 무서워서 가까이 오질 못한다. 뚱보 고양이 얼굴은 넓적해서 가필드를 닮았다. 우리는 그를 가필드라고 부른다. 하지만 그 고양이는 자기가 그 이름인지 전혀 알아듣지 못한다. 아무리 불러도 가까이 오질 않는다.

하지만 두두는 먹이를 주며 한껏 가까워져서인지 "두두"하고 부르면 "야옹"하고 대답한다. 먹이를 주면서 훈련을 시켰다. 사료를 주기 전에 먼저 이름을 부른다. 그리고 "야옹"하고 대답하면 먹이를 주는 식이다. 그렇게 두두의 머릿속에 이름을 각인시켰다.

사료 값에 가까운 돈을 주고 간식거리를 샀다. 푸드트럭 행사에 나갔다가 옆에 있는 고양이 간식 코너에 홀려서 사고 말았다. 동물을 그다지 좋아하지는 않는데 내 손으로 간식까지 산 것이다. 사료는 20키로에 4만원이 안 되는데 간식은 200g에 만원이 넘는다. 돈 만원을 이렇게 쉽게 소비한다. 그래도 고양이를 생각하면 흐뭇한 기분이 든다. 고양이가 내 말을 따른다는 것이 신기하긴 하다.

사료를 다 먹고 나면 더 줄 것이 없어 간식을 준다. 간식을 줄 때는 특히 이름을 잘 불러 줘야 한다. 아무래도 사료보단 간식을 더 좋아한다. 조카가 짜먹는 간식을 사줬다. 이것을 먹을 때는 너무 좋은지 눈을 감고 그 맛을 음미한다. 연신 핥아 먹는 소리가 맛있게 들린다. 다 먹고 내 손까지 핥는다. 더 먹고 싶은 눈치다. 하지만 너무 많이 먹으면 안 될 것 같아 자제 시킨다.

가끔 시간이 나면 궁딩팡팡을 해 준다. 엉덩이를 두드려 주면 기분이 좋은지 그르렁 거리면서 온 몸을 뒤튼다. 출근을 하면 문 앞에 지키고 있다가 사료를 주라고 "야옹"거리면서 다가온다. 하지만 도도한 고양이들은 절대 달려오지 않는다. 강아지 같으면 방정맞게 꼬리를 흔들며 뛰어들었겠지만 고양이는 아무리 갈급해도 그것이 티나지 않게 서서히 다가온다. 내가 무슨 빚진 사람 같다. 어서 사료를 내 놓으라고 하는 것 마냥 나를 다그친다.

밖에만 있던 고양이가 건물 안으로 들어왔다. 문이 열려 있었나 보다. 어느 틈에 내 곁에서 "야옹"하는 소리가 들린다. 마치 자기가 들어와도 되는지 묻는 것 같다. 내가 다가가자 황급히 되돌아 나간다. 그렇게 문지방 넘기를 텄다. 처음에는 잘 들어오지 않던 녀석이 이제는 문이 열려 있으면 수시로 드나든다. 밥을 주지 않으면 들어와서 "야옹"거린다.

나는 이 녀석이 집 안에 머무는 것이 익숙해져서 나가지 않으면 어쩌나 내심 걱정이 되었다. 하지만 두두는 이놈이 내가 못 나가게 가두면 어쩌나 걱정을 하는 눈치다. 들어온 문을 닫으면 당황해서 출구를 찾느라 허둥댄다. 너무 당황해서 내가 불러도 대답하지 않고 이리 저리 뛰어 다닌다. 그런 경험이 있은 후로는 항상 자기가 탈출할 통로가 확보된 상태에서만 들어온다. 누군가 문 쪽으로 다가가면 자기가 먼저 뛰쳐나간다.

이것이 진정한 독립체가 아닌가 하는 생각이 든다. 아무리 자기에게 잘해준다 하더라도 드넓은 자연에서 자유를 만끽할 자유까지 내어주지 않는 독립심이다. 우리 인간은 너무 나약해서 안전이라는 구실로 쳐진 보호막을 절대 탈출하지 못한다. 자녀는 부모의 안전막에서, 어른이 돼서는 직장이라는 안전막에서, 모든 사람은 사회라는 안전막에서 자유롭지 못하다. 하지만 고양이는 어떠한가? 그 어떤 안전장치도 없는 야생에서 홀로 그리도 자유롭게 살아가고 있지 않은가?

고양이가 도도한데는 다 이유가 있었다. 그에게는 투철한 독립심이 있었던 것이다. 고양이는 추운 야외에서 오늘도 잠을 자고 있다. 집을 마련해 주어도 밖에서 잔다. 조금 더 추워지면 그 속으로 들어가려나? 고양이가 겨울에 많이 동사한다는데 내심 걱정이 된다. 자유도 좋지만 건강이 최우선이다. 자기 살길은 자기가 알아서 하겠지. 나는 그저 지켜볼 따름이다. 어쩐지 그의 자유가 부럽게 느껴진다.

인성교육

공자(孔子)는 그의 사랑하는 제자 안회(顔回)에게 세상이 덕을 잃고 혼탁해지는 이유에 대해 다음과 같이 설명한다.

"자네는 무엇 때문에 세상이 갈수록 덕을 잃고 지능만 발달하는지 알겠나? 덕이 사라지는 이유는 사람들이 명성과 이름에만 눈이 팔려 있기 때문이고, 지능은 경쟁 때문에 발달하는 것일세. 명성이란 무엇인가? 그것은 서로의 잘 잘못을 따지는 대립에서 생긴다네. 그리고 지능이야말로 서로 헐뜯고 모함하는 경쟁의 무기이지. 따라서 둘 다 사악한 흉기일 뿐이며, 절대로 본받을 만한 게 못 되지."[18]

우리는 현세대의 부도덕함에 대해 한탄한다. 하지만 정작 우리 자신이 그러한 부도덕함을 지향하고 있음을 깨닫지 못하고 있다. 사람은 자기가 추구하는 방향으로 나아가게 되어 있다. 현대 사회에서 가장 중요하게 생각하는 출세는 명성과 지능이

---

18) 오경웅, 류시화 옮김, 『禪의 황금시대』, 서울: 경서원, 2005, p23.

얼마나 높아지느냐에 달려있다. 학교에서는 지능을 높이기 위해 온 힘을 기울인다. 학생들은 지능을 위해서 새벽부터 밤늦게까지 공부에 매진한다. 그러나 이렇게 지능과 명성에 매달리고 있는 사이 경쟁과 대립 그리고 사악한 흉기를 갈고 닦는다는 점을 등한시 하였다.

사람에게 무기를 쥐어줄 때에는 그 사람이 무기를 통제할 능력이 있는가를 먼저 분별해야 한다. 분노에 불타는 사람에게 칼을 준다면 사람을 살해할 도구로 사용될 수 있다. 하지만 요리사에게 칼은 요리하는데 긴요하게 사용된다.

이기심뿐인 사람에게 막강한 힘을 부여한다면 그것은 사람을 이롭게 하기 보다는 스스로를 위해 타인을 억압하는 사람이 되기 십상이다. 우리가 선망하는 직업들은 이렇게 대중에게 지대한 영향을 미칠 수 있는 전문직이다. 판사, 검사, 의사, 정치인 등의 직업군은 작은 실수로도 사람들을 해할 수 있는 가능성이 있다. 그러므로 그러한 기술을 획득하기 전에 사람으로서의 인성을 갖추는 것이 선행 되어야 한다.

그러므로 학생들이 학교에서 배워야 할 것은 직업인으로서의 전문 지식 이전에 사람으로서의 인성이어야만 한다.

이기심과 이타심은
돌고 돌아 제자리로 온다

　나는 그저 개인의 쾌락을 위해서 살아가고 있지는 않는지 생각해 본다. 육체적 쾌락뿐만 아니라 정신적 쾌락에도 물들어 있다. 그러나 엄청난 이기심에 불타고 있음을 깨닫지 못하고 살아가는 때가 많다. 나는 그것을 직시하면서 견뎌내려고 한다. 이것이 가장 큰 고통이다. 이기심을 이긴다는 것은 죽을 만큼 힘든 일이다.

　인간은 이기적 동물이다. 아니 모든 생명체는 이기적이다. 동물의 세계는 약육강식의 법칙을 그대로 보여주고 있다. 그것은 식물의 세계에서도 마찬가지다. 큰 나무 밑에서는 작은 나무들이 살 수 없다. 그러나 넝쿨식물들은 나무를 휘감고 올라가 그 나무를 고사시킨다. 우리들 생명체는 이기심을 원동력으로 살아간다. 하지만 때때로 양의 탈을 쓴 늑대처럼 이타적인 행동을 하면서 이기적인 자기 모습을 감추려고 시도한다.

　보이지 않으면 없는 것처럼 느껴진다. 그렇기 때문에 이타심으로 이기심을 덮으려고 한다. 봉사활동이나 기부 등의 행위로서 자신의 이타심을 표현한다. 하지만 그것을 아무리 잘 포장한다 하더라도 이기심이 사라지는 것은 아니다. 인간이 이기적인 동물이라는 점은 변하지 않는다. 이기적인데다 영악하기까지 하다. 어떻게 하면 자기 이기심을 들키지 않으면서 그것을 온전히 채울 수 있을지 골몰한다. 몇몇 바보 같은 사람은 아무도 모를 것이라고 생각하지만 어느 틈엔가 들통이 나고 만다. 이기심의 본능은 완벽하게 감출 수 없다.

이기심은 획득하는데 관심이 있는 반면 이타심은 주는데 초점을 맞춘다. 하지만 주기만 하고 받지 않을 수 없고, 받기만 하고 주지 않을 수가 없다. 우리는 언제나 무엇을 주면 무엇을 받는다. 모든 것은 돌고 돌아 제자리로 간다. 권선징악 인과응보는 그냥 나온 말이 아니다.

우리는 돈을 주고 물건을 산다. 이것은 1차, 2차 산업시대에 성행하던 일이다. 그러나 3차 산업 시대가 도래 하면서 눈에 보이지 않는 것을 사게 되는데 그것이 바로 서비스이다. 무형의 자산이 더 중요해지는 시기이다. 돈을 주면 그에 상응하는 물건이 눈앞에 있어야 무언가 거래가 일어난 것 같다. 하지만 돈을 주고 말만 받는다면 나는 아무것도 받지 않은 것 같은 느낌이다. 어쩐지 사기를 당한 기분마저 든다. 이렇게 우리는 감정까지도 돈으로 사고파는 시대가 된 것이다.

우리는 무엇을 얻기 위해 돈만 지불하는 것이 아니라 감정도 지불한다. 자본주의 사회에서는 돈이 가장 중요한 평가 척도가 되어버렸다. 돈이 모든 것을 능히 해결하고도 남는다고 믿는 것이다. 자본주의란 자본이 최고라는 생각의 결정체이다. 사람들은 눈에 보이는 것만을 믿으려고 한다. 하지만 중요한 것은 눈에 보이지 않는다는 점을 생각할 때 그것이 얼마나 허망한 믿음인지 깨달을 수 있다.

거래는 크게 네 가지로 나눠볼 수 있다. 첫째, 유형의 것을 주고 유형의 것을 받는다. 돈을 주고 물건을 사는 것과 같다. 시장에서 일어나는 수많은 거래들이 이에 속한다. 둘째, 유형의 것을 주고 무형의 것을 받는다. 현대 사회에서는 전문지식이 부족할 때 돈을 주고 상담을 받는다. 명절이나 오랜만에 만난 지인의 아이들을 보면 용돈을 준다. 나이가 들수록 입은 닫고 지갑을 열라고 한다. 이것은 돈을 주고 사랑과 관심을 사는 것이다. 셋째, 무형의 것을 주고 유형의 것을 받는다. 말 한마디로 천 냥 빚을 갚는 격이다. 넷째, 무형의 것을 주고 무형의 것을 받는다. 어렵고 힘든 사람을 만나면 위로해주고 기쁜 일을 당한 사람에게는 축하해 주면서 서로의 감정을 나눈다. 감정적인 사람은 이러한 교류 때문에 내면적으로 힘들어 할 수 있다. 하지만 너무 이성적인 사람은 사무적인 태도로 인간관계가 힘들어진다.

왠지 손해만 보는 것 같은 기분이 들 때가 있다. 그것은 나가는 것에만 집중한 나머지 내게 들어오는 것을 알아채지 못한 것에 불과하다. 내가 참는 것은 가정의 평화를 이루는데 일조한다. 스트레스를 받는 것은 개인의 건강에 좋지 않다. 나쁜 일을 당하면 그것을 해결하기 위해서 돈을 지불한다. 돈이 가장 쉬운 해결방법이다. 돈을 적게 들이려고 고심하다가는 스트레스라는 병에 빠지기 쉽다. 돈을 주고 건강을 챙긴다. 노동을 하고 돈을 얻는다. 하지만 그 과정에서 스트레스를 받는다. 그것을 해결하기 위해 돈을 지불한다. 이렇게 돈은 나를 중심으로 돌고 돌아간다.

무엇을 위해서라고 하는 순간 목적성은 그 일 자체에서 결과물로 옮겨가게 된다. 돈을 위해서 일을 하고 출세를 위해서 공부를 한다면 일과 공부에 대한 목적성이 돈과 출세로 바뀌게 된다. 일을 하면 그 일에서 느껴지는 즐거움이 있다. 공부를 하면 배우는 즐거움이 있다. 이런 즐거움을 돈과 출세로 바꾸는 것이다.

나는 일을 하면서 스스로 최면을 건다. 이것은 일이 아니다. 어떤 행위를 돈을 벌기 위한 수단으로 여길 때 일이라고 느끼게 된다. 같은 행위라도 그 순간의 쾌락에 몰입할 때 즐거움을 맛볼 수 있다.

체험을 진행하다보면 사람들이 내 말에 따라 움직이는 것이 신기하고 재밌다. 언제 내가 사람들을 이렇게 조종할 수 있을 것인가? 하라면 하고 하지 말라면 하지 않는다. 이정도로 생각하면 오히려 내가 돈을 내야 하지 않을까 싶은 생각마저 든다. 자기 쾌락에 심취하여 행동하는데 사람들은 내게 돈을 지불한다. 일석이조가 아닐 수 없다. 바쁘면 바쁜 체험을 하는 것이고 한가하면 한가한 체험을 하는 것이다. 돈을 중심에 두고 보자면 바쁘면 몸이 힘들고 한가하면 마음이 힘들다. 언제나 편할 날이 없다. 하지만 경험의 측면에서 보면 모든 것이 소중한 체험이다.

이기심이란 무엇인가? 인간이 과연 이기심을 버릴 수 있을까? 이타심을 강조하는 것은 자기들의 이기심을 충족시키기 위함이 아닐까? 누군가 이익을 보면 누군가는 손해를 본다. 손해가 없는데 이익이 있을 수 없다. 이익이란 더 많은 것을 얻는 것을 의미하기 때문이다. 우리가 가진 자원 혹은 자본은 일정하다. 일정한 양에서 누군가가 많이 갖는다면 누군가는 적게 가질 수밖에 없다. 많이 갖는 것을 능력이라고 한다. 현명함이라고 한다. 우리는 그것을 선망한다. 하지만 서로 현명하게 행동하기 때문에 다

툼이 발생한다. 손해보고 싶은 사람이 어디 있을까?

　이기심을 버리면 우리는 살 수 없다. 삶이 없다면 배움도 없다. 배우려고 살지만 사는 동안 나는 이기적인 행동을 하지 않을 도리가 없는 것이다. 사는 동안 해악을 떨쳐 버릴 수 없다. 그러나 그것으로 깨닫는 것이 없다면 그것은 진정으로 무모한 일이 아닐 수 없다.

현재를 소중하게

날씨는 여전히 춥다. 겨울이라 추운 것은 당연한 일이지만 또 추운 날이 지속되니 따뜻한 날씨가 그리워진다. 추울 땐 더위를, 더울 땐 추위를 그리워하는 것이다. 이것이 인간이다. 자기에게 있는 것에는 만족할 줄 모르고 그것이 사라진 다음에야 그것을 그리워하고 또 막상 내 앞에 그것이 당도하면 예전에 있던 것을 다시 찾게 된다. 이런 미련은 죽을 때까지 지속된다.

내 앞에 있는 것은 현재 뿐이다. 과거도 미래도 그저 상상 속에서만 존재할 뿐 현실에서는 그것을 찾을 수가 없다. 인간은 시간의 지배를 받는다. 시간을 뛰어넘어 살 수 있는 사람은 단 하나도 없다. 그럼에도 불구하고 그 시간을 돌리려고 하는 시도를 멈추지 않았다. 그것이 만약 성공한다 해도 돌아간 그 시간은 과거의 어느 한 시점, 즉 과거의 현재에 지나지 않는다.

우리는 현재라는 점을 살아간다. 점들이 모여 인생이 된다. 인생을 통째로 한꺼번에 살아갈 수 있다 하더라도 그것 또한 하나의 점이 되고 말 것이다. 지금 이 순간에 충실하지 못한다면 그 점들은 무의미한 것이 될 것이다. 내가 무엇을 하고 있느냐는 이런 점들을 어떻게 찍을 것인가로 이어진다. 이 점들이 어디에 찍히느냐에 따라 내 삶은 달라진다. 이 글이 어떤 식으로 써지느냐에 따라 그 느낌이 달라지는 것과 같다. '아'다르고 '어'다른 법이다.

    나는 아무 생각 없이 이 글을 시작하였다. 때로는 내가 의도치 않은 글들이 나타난다. 그것은 흡사 화면에 자동으로 써지는 것과 같은 기분을 자아낸다. 만약 화면과 자판을 멀리 떼어놓고 본다면 그럴 수도 있을 것이다. 만약 내가 쓰는 것을 보지 못한 상태라면 이 글이 저절로 써지고 있다고 믿을 수도 있을 것이다. 컴퓨터가 존재하지 않던 시절이라면 그것은 더욱 실감나게 느껴질 것이다.

    이렇게 쓴 글은 아무 의미 없이 쓸 때가 많다. 쓰는 내내 내가 무슨 말을 하고 있는지 전혀 감이 잡히지 않으면서도 단지 훈련이라는 명목으로 이 행위들을 지속하고 있는 것이다. 그러나 아무런 의미가 없을 것만 같던 글도 다 써놓고 나면 무슨 뜻이 있는 것 같은 기분이 든다. 의식의 흐름대로 아무렇게나 쓴 글도 그 자체의 맛이 느껴진다는 말이다.

    우리의 삶은 점의 집합이라고 했다. 이 점들은 어디서 어떻게 찍힐지 아무도 모른다. 미래는 아직 찍히지 않은 점이고 과거는 이미 찍어놓은 점들이다. 이 글이 써지는 것과 마찬가지의 현상이다.

써진 글은 과거가 되고 아직 써지지 않은 하얀 부분은 미래가 된다. 이렇게 과거와 미래는 이 지면에도 극명하게 구분된다. 현재란 내가 글을 쓰고 있는 이 지점인 것이다. 이렇게 글을 쓰고 있노라면 내가 삶의 정수를 들이 마시는 그런 기분이 들기도 한다. 이렇게 내가 아무 생각 없이 손가락 연습이나 하듯이 써 놓은 글에도 반드시 뜻이 깃들게 되는 것이다.

마찬가지로 인생은 아무렇게나 산 것 같은데 되돌아보면 내 인생에 깊은 뜻을 전달하고 있다는 것을 발견하게 된다. 중요한 것은 무엇을 쓰느냐가 아니라 그것을 되돌아보는 행위이다. 실컷 써놓고 아무도 읽지 않는다면 그 글은 허무한 것이 될 것이다. 내가 써놓은 글은 누가 읽어줄 것인가? 이 글이 출판이 된다고 하더라도 일부의 사람들에게만 읽히게 될 것이다. 하지만 나는 유일하고도 열성적인 독자를 한 명 확보하였다. 그것은 바로 나 자신이다. 내가 써놓은 글을 읽으면 내 감정이 이입되어 재밌기도 하고 황당하기도 하고 부끄럽기까지 한 그런 다양한 감정을 이끌어 낸다. 사람들이 나를 알아봐 주지 않는다고 한탄하기 전에 나는 나를 얼마나 알아차리며 살아가고 있는지 생각해 보는 편이 낫다.

　내 삶은 누구를 위해서 혹은 누구에게 보이기 위해서 살아지는 것이 아니다. 무엇을 위해서라고 생각하면 그 행위를 하는 의무감이 생긴다. 의무적으로 하는 것은 진심을 느끼지 못하게 만든다. 그러므로 의무가 아니라 자발적으로 하는 행위가 필요하다.

　그렇다고 해서 자기의 행위를 바꿀 필요가 없다. 행위가 바뀐다고 하더라도 그것 또한 무엇을 위해서 한다고 하면 동일한 효과가 나타나기 때문이다. 나는 너를 위해서, 현재는 미래를 위해서, 나라와 민족을 위해서 라고 해버리면 내 행위는 의무감에서 나오는 다소 형식적인 행동이 되고 만다. 그러니 스스로의 행위는 그저 아무런 의미도 없이 흩날리는 물방울처럼 되어야 한다.

　하늘의 구름은 어떤 의도를 가지고 흐르지 않는다. 나는 새 모양이 되어야지, 혹은 나는 양털구름이 되어야지 하는 식으로 움직이지 않는다는 말이다. 하지만 그것은 의식의 흐름 따라 행동이 나타나듯 공기 중에 보이지 않게 흐르는 기류를 따라 다양한 모양을 나타내는 것이다.

　그것의 의미는 관찰하고 발견하는 우리들에게 달려있다. 그러므로 어떤 삶을 사느냐에 못지않게 어떻게 보느냐는 훨씬 중요해지는 것이다. 삶은 순식간에 흘러간다. 구름이 천천히 흘러가는 것처럼 보이지만 잠깐 한눈 판 사이 저 멀리 흩어지고 저것이 내가 유심히 관찰하던 그 구름이 맞나 하는 기분이 들 정도로 아득해 지는 것이다.

    삶이 노년으로 접어들면 생이 그렇게 빠르게 느껴질 수밖에 없다. 이제 살아갈 날이 살아온 날보다 적다. 그러면 내 손아귀에서 그 세월이 빠져나가는 것이 느껴진다. 줄어들고 있기에 소중함은 커진다.

지혜로운 삶이란 무엇인가

　이른 아침이지만 아직 해는 뜨지 않았다. 연일 흐린 날씨가 이어진다. 날씨가 흐리면 기분도 가라앉는다. 우리는 날씨의 영향을 받지 않을 수 없다. 마음만 그런 것이 아니라 몸도 그렇다. 나이가 들면 관절이 쑤시고 아프다. 기압의 영향을 받는 것이다. 우리가 환경의 영향을 받지 않고 단독으로 어떤 것을 결정할 능력이 사라지는 순간이다. 인간이 아무리 스스로의 능력으로 인생을 좌지우지 하려고 하지만 그것은 결코 녹녹치 않다. 우리의 결정은 날씨와 같은 주변 환경과 타인의 행동, 그리고 우리가 예상치 못했던 수많은 사건들에 의해 좌우된다. 그 모든 것을 자기 손아귀에 넣고 컨트롤 할 수 있는 사람은 이 세상에 존재하지 않는다.
　지혜란 무엇인가? 사전적 의미로는 사물의 이치나 상황을 제대로 깨닫고 그것에 현명하게 대처할 방도를 생각해 내는 정신의 능력이라고 한다. 지혜(智慧)는 한자로 슬기롭다는 뜻이다. 슬기란 사물의 이치를 바르게 분별하고 일을 정확하게 처리할 방도를 생각해 내는 재능이다. 현명함이란 사리에 밝은 것이다. 그 어디에도 정의라든지 도덕, 신의와 같은 철학적인 의미는 없다. 지혜란 다만 현실세계에서 실제적인 대처방법인 셈이다.

우리는 어떤 것을 지혜롭다고 칭찬하는가? 만약 누군가 손해 보는 짓을 한다면 어리석다거나 바보 같다고 놀릴 것이다. 바보 같은 행동은 절대 지혜롭지 못한 것이다. 이익을 얻을 만한 행동을 하는 것이야말로 지혜로운 것이다. 그것이 단기적인 것인지 장기적인 것인지에 대한 문제는 남는다. 지금 당장 이익을 보는 것을 먼 미래에서 이익을 보는 것과 대체할 수 있다. 하지만 이익이라는 관점은 여전히 변하지 않는다. 나의 이익을 집단의 이익으로 대체할 수도 있다. 하지만 집단이란 내가 속한 것이기 때문에 내가 확장된 형태로 보아도 무방하다. 이와 같이 지혜란 시간적 공간적 범위만 다를 뿐 나와 연관된 이익을 추구하는 생각이라는 점은 변하지 않는다.

모든 사람이 이렇게 생각한다. 이익은 좋고 손해는 싫다. 단 한 사람도 손해 보는 짓은 하기 싫어한다. 온전한 의미에서 '나는 손해가 좋아요.'라고 말하는 사람은 진정한 의미에서 바보가 되는 것이다. 바보 같은 짓을 하는 것도 엄밀한 의미에서 자기에게 이로운 행동이라고 느끼기 때문에 가능한 것이다.

우리는 지혜롭게 되기를 희망한다. 사람들은 어떤 판단을 하면 지혜로울지 그것을 배우기 위해 수없이 많은 공부를 한다. 무엇을 배우는 이유는 자기에게 이로운 행동 방법을 터득하기 위함이다. 자본주의 사회에서 사람들이 좋아하는 공부는 돈이 되는 방법을 배우는 것이다. 만약 누군가 대중이 좋아하는 교육을 하고 싶다면 '이것이 돈이 됩니다.'라고 선전하면 크게 호응을 받을 것이다.

하지만 앞에서 살펴본 바와 같이 내 행동이란 수많은 변수에 의해 좌우된다. 그 속에서 지혜로운 선택을 하기란 백사장에서 바늘 찾기보다 힘들다. 단기간 동안은 그것이 지혜로운 것처럼 보일 수 있다. 하지만 인생이라는 전체 시간 속에서 지혜로운지는 그 누구도 장담하기 힘들다. 살아서 부귀영화를 누렸지만 죽으면서까지 그것을 가지고 갈 위인은 그 어디에도 없다.

자본주의 사회에서 이익이란 돈의 획득이다. 돈은 강물과 같다. 멈춰있는 것이 아니라 흐르는 것이다. 어리석은 사람은 그것을 움켜쥐려고 하지만 손가락 사이로 빠져나가고 만다. 부자들은 이렇게 조언한다. 돈의 흐름 속에 있어라. 그러면 돈은 자연스럽게 나를 타고 흐르면서 나를 부유하게 만들 것이다. 자본가들은 부의 크기를 늘리려고 한다. 부채도 자산으로 간주한다. 큰 강물을 만드는 것이다. 작은 개울에서 노는 것과 큰 강물에서 노는 것은 차원이 다르다. 하지만 개울에서는 빠져 죽을 가능성이 적지만 큰 강물에서라면 자칫 목숨을 잃기 쉽다.

깨달음이란 이런 물질적인 욕망의 충족과는 별개로 일어나는 정신적인 변화이다. 물질의 변화는 물질의 세계에 맡기고 나는 정신의 변화에 집중하는 것이 필요하다.

내가 어떻게 살 것인가는 내가 결정하는 것이 아니다. 이 세상에 자기가 태어나기로 마음먹고 태어난 사람은 단 한 명도 없을 것이다. 남자인지 여자인지 자기 결정권은 없다. 부잣집에 태어난 사람은 자기 의지와 상관없이 부요하게 살 것이고 가난한 집에 태어난 사람은 마찬가지로 가난하게 살 수밖에 없다. 태어나 보니 이런 것을 누구 탓을 하겠는가?

하지만 사람들은 자기가 결정하고 행동하는 것을 좋아한다. 주위에서 아무리 많은 충고를 하더라도 자기 마음에 들지 않으면 실행하지 않는다. 누가 조언을 구한다면 그것은 충고를 듣기 위함이 아니다. 자기 생각이 옳다는 확증을 받기 위한 것이다. 이미 자기 생각은 확고하다. 다만 누군가 그것이 옳다고 응원해주기를 희망하는 것이다. 수많은 왕들이 간신의 혀에 놀아나는 것은 지혜로운(?) 신하가 이러한 사람의 심리를 너무나 잘 이용하기 때문이다.

우리는 태어나면서 어떻게 살지 마음에 새겨 놓았다. 이것이 가야할 길이라고 몸이 느낀다. 하지만 어리석은 인간은 한치 앞을 내다보지 못한다. 그리고 그 시간이 내 앞에 당도하고 나서야 운명이었음을 깨닫게 된다.

성경에서는 지혜에 대해 이렇게 말한다.

"전도자가 이르되 헛되고 헛되며 헛되고 헛되니 모든 것이 헛되도다."[19]

문제는 어떻게 사느냐가 아니라 어떤 깨달음을 얻느냐에 있다. 아무리 호화로운 삶을 살아도 깨닫지 못했다면 헛된 것이고 곤궁한 삶을 살았어도 크게 깨달았다면 잘 산 것이다. 하지만 그 깨달음이란 부유한 상태보다는 가난한 상태에서 더 크게 얻을 수 있다. 그러므로 예수님은 이렇게 충고하신다.

"부자가 하나님의 나라에 들어가는 것보다 낙타가 바늘귀로 통과하는 것이 더 쉽다."[20]

---

19) 대한성서공회, 『개혁한글 성경』, 잠언 1:2.
20) 생명의말씀사, 『현대인의 성경』, 마가 10:25.

기독교인은 예수를 믿고 그 말씀에 따라 살려고 노력하는 사람들이다. 또한 기독교인의 최종 목표는 하나님 나라에 들어가는 것이다. 그것을 얻기 위해서 그렇게도 열심히 교회에 다니는 것이다. 하지만 현대 교회는 그것을 가로막는 가장 큰 장애물이 되고 있다.

다른 종교도 마찬가지겠지만 절이나 교회에 가면 복을 빌어준다. 복이란 자기가 하는 일이 다 잘 되고 성공하는 것을 의미한다. 자본주의 사회에서 복이란 돈을 많이 버는 것이다. 돈 많이 벌어서 헌금도 많이 하고 그러면 천국에 들어갈 것처럼 교인들을 현혹시킨다. 하지만 예수님은 너무나도 명확하게 돈이 많으면 천국에 들어갈 수 없다고 선언하셨다. 그러므로 기독교인에게 부자가 되는 것은 복이 아니라 오히려 재앙에 가까운 것이다.

하지만 자본주의 사회에서 살고 있는 우리는 그 악마의 금전에서 자유롭기 힘들다. 그것이 우리의 삶을 지배하고 있기 때문이다. 당장 돈이 없으면 생활이 궁핍해진다. 무엇하나 제대로 돌아가는 것이 없다. 그러니 그것에 목숨을 걸고 비굴하게 살아간다. 그러나 돈이 나를 따르게 해야지 내가 돈을 쫓아가면 안 된다. 하지만 우리는 돈의 편리함 때문에 언제나 돈의 관점으로 세계를 보게 되어 있다. 내가 돈이 많고 적음은 문제가 되지 않는다. 다만 그것을 돈의 관점이 아니라 정신의 관점으로 전환시키는 것이 필요하다. 중요한 것은 현상이 아니라 관점의 전환이다.

서비스직에 있는 사람은 모두가 감정 노동자이다. 감정을 팔아 돈을 산다. 내가 친절하지 않으면 물건을 팔수가 없다. 그러니 마음에도 없는 친절을 베푼다. 마음에 없는 말을 하려니 스트레스를 받는다. 스트레스란 듣기 싫은 소리를 듣고, 하기 싫은 일을 할 때 발생한다. 하지만 모든 사람이 그 소리를 듣기 싫어하고 하기 싫어하는 것은 아니다. 다시 말해 그것이 절대적인 의미에서 싫은 것이 아니라 각자 상황에 따라 싫기도 하고 좋기도 한 것이다. 나는 주먹질 하는 것을 싫어한다. 하지만 격투기 선수들은 그것을 즐겨한다. 나는 이런 글을 쓰는 것을 좋아하고 대부분의 사람들은 이런 글을 읽는 것을 싫어한다. 좋아하고 싫어하는 것은 기호의 문제이지 절대적인 가치의 문제는 아니다. 그러므로 스트레스를 받지 않기 위해서는 어떤 행동을 삼가는 것 보다는 싫다는 마음을 바꾸는 것이 좋다.

사람을 응대하다보면 친절이 몸에 밴다. 친절은 돈을 버는 도구다. 다른 관점, 즉 사랑의 관점에서 친절을 살펴본다. 사랑은 무엇인가? 성경에서는 사랑의 성격을 일목요연하게 정리해 주었다. "사랑은 오래 참고 사랑은 온유하며"라고 했다. 영어로는 "Love is patient, love is kind."이다. 이것이 사랑의 첫 번째 덕목이다. be patient, be kind이다. 다시 말해 참고 친절한 것이다. 나는 돈을 벌기 위해서 친절한 것이 아니라 사랑을 훈련하는 방편으로 친절한 것이다. 이렇게 생각하고 행동하면 현상이 달라진다. 실제적인 행동 자체는 동일하지만 그것을 받아들이는 자세가 달라지는 것이다.

오늘도 많은 사람들이 내 앞에 나타났다 사라지기를 반복한다. 설명을 해도 잘 알아듣지 못할 때 짜증이 난다. 이때 나의 인내력 테스트는 시작된다. 나는 얼마나 참을 수 있는가? 그리고 언제까지 친절할 수 있는가? 내가 성공하면 그는 지갑을 열 것이고 내가 실패하면 되돌아 갈 것이다.

과거를 되돌아보면 나는 수없이 많이 실패했다. 기껏 내 앞에 사람을 데려다 놨는데 나는 그를 되돌려 보낸 것이다. 훈련은 실패했고 나는 성장하지 못했다. 이렇게 사랑의 관점에서 내 행동을 보기 시작하자 친절이라는 것이 소중하게 느껴진다. 어떤 상황에서건 친절할 수 있다면 내 사랑의 능력도 그만큼 성장하는 것이기 때문이다. 친절하면 확실히 돈을 벌 수 있다. 하지만 그것은 결과적인 것이지 그것 자체가 목표는 아니다. 나의 목표는 친절도를 높이는 것이고 사랑을 키우는 것이다.

관점을 바꾸면 세상이 달라진다. 나는 세상을 바꿀 힘이 없다. 또 그런 힘이 있어도 바꾸지 않아야 한다. 내 생각대로 된다고 해서 그것이 모두 올바른 것이라고 단정 지을 수 없기 때문이다. 지나온 세월을 되돌아보면 내 생각대로 해서 올바른 결론을 이끌어 낸 적이 별로 없다. 그래서 맨날 후회가 남는다. 항상 말은 적게 하고 행동은 조심하려고 노력했다. 하지만 내 마음은 이미 요동치기 시작했고 그것은 말과 행동으로 크게 나타났다. 하지 않으려고 한 것이 무용지물이 되었다. 내 생각이 옳지 않다면 구태여 내 생각대로 해야 할 당위성은 무엇인가? 그것은 단지 내 마음이 편하자고 타인을 이용하는 것밖에 되지 않는다.

세상을 바꾸려는 노력을 나 자신에게로 돌려본다. 나는 무엇을 보고 무엇을 느끼는가? 내가 보는 세계는 단 하나의 차원만 있는 것이 아니다. 수없이 많은 차원이 있고 수없이 많은 관점이 있다. 나는 나라는 관점에 갇혀 있기 때문에 다른 관점에서 그것을 보기 힘들다. 그렇기 때문에 편협하고, 갇혀있기 때문에 괴롭다. 육체라는 감옥은 누가 강요한 것이 아니라 스스로 그 속으로 파고 들어가면서 더 공고하게 만드는 것이다.

기분

날씨가 맑게 갰다. 비가 추적추적 오더니 맑은 날이 되었다. 기분도 맑아진다. 기분이란 무엇인가? 기분(氣分)은 기가 나뉜 상태다. 기(氣)는 본래 하나인데 그것이 좋고 나쁨으로 나뉜다. 기를 하나로 통일시키면 좋고 나쁨이 사라진다. 공자님은 기에 대해 이렇게 조언하셨다.

"마음을 맑게 한다는 것은 무엇입니까?"

안회가 물었다. 이에 공자가 대답했다.

"자네의 기氣를 하나로 통일시키는 것일세. 귀로 들으려 하지 말고 마음으로 듣게나. 마음으로 듣지 말고 기로 듣게나. 귀는 소리에만 매달리고 마음은 현상과 관념에만 매달려 있는 것이니, 이에 반해 기는 텅 비어 있으면서도 일체 사물을 다 포용하지. 도道는 이 텅 빈 상태 속에만 깃든다네. 이렇게 텅 빈 상태가 곧 마음을 맑게 하는 것일세."[21]

우리는 좋은 것을 얻으려고 하고 나쁜 것을 버리려고 한다. 하지만 그것은 기분에 따른 것이지 그것 자체가 좋고 나쁜 것은 아니다. 동일한 것에 대해 좋아했다가 싫어지는 경험을 한 번쯤은 해 보았을 것이다. 연인은 처음에는 죽고 못 살게 좋아한다. 하지만 어느 정도 시간이 지나고 나면 죽이고 싶을 정도로 싫어하기도 한다. 왜 그러냐고 물으면 '사람이 변했다.'고 변명한다. 하지만 사람이 변하기란 대단히 어려운 일이다. 그가 싫은 것은 내 기분이 달라졌기 때문이다.

기분이 좋다가 갑자기 나빠지는 사람들이 있다. 조울증이다. 그것은 병이다. 오히려 이렇게 병을 진단 받은 사람은 행복하다. 그것을 고칠 수 있는 가능성이 있기 때문이다. 하지만 우리는 항상 그런 상태에 놓여있으면서도 다만 그 변화가 급하게 나타나지 않기 때문에 그것을 고치려고 하지 않는다.

좋고 나쁨, 즉 기분은 감정을 만들어낸다. 감정의 변화는 사람을 즐겁게 만든다. 우리는 아무 일도 일어나지 않고 밋밋한 상태를 싫어한다. 음식이 맛있다는 것은 달고, 짜고, 매운 맛이 그

---

21) 오경웅 지음, 류시화 옮김, 『선의 황금시대』, 서울: 경서원, 2005, p.26.

속에 있다는 것이다. 아무 맛이 없으면 그야말로 맛이 없다. 우리는 입을 즐겁게 하기 위해서 자극적인 맛을 찾는다. 그러나 그 맛 때문에 건강은 나빠진다. 음식을 최대한 밋밋한 맛으로 먹어야 건강하게 오래 살 수 있다. 몸의 건강을 위해서 맛없게 먹어야 하듯이 마음을 위해서 맛없는 생활을 해야 한다. 밋밋하게 살아야 한다. 삶이 밋밋한 것이 아니라 그것을 바라보는 태도가 밋밋해지는 것이다.

중요한 것은 감정의 변화이다. 어떤 일이 일어난다. 내가 생각한 대로 일이 전개되지 않을 때 화가 난다. 화는 그야말로 독 그 자체다. 몸에서 독소를 분비시킨다. 스스로를 죽이는 행위이다. 그럼에도 불구하고 화를 참지 못한다. 자기 성질을 이기지 못하고 버럭 화를 내고 만다. 기분에 따르기 때문이다. 그러나 화를 낸다고 문제가 해결되지 않는다. 참으로 어리석기 짝이 없다.

어떤 감정이 일어날 때 그 상태를 직시한다. 나는 그것이 기로 듣는 것이라고 생각한다. 사건이 발생한다. 나는 그 속에서 감정이 일어난다. 파도가 밀려온다. 나는 그것을 막아서는 것이 아니라 타고 넘어간다. 나를 통과한 것이다. 그러면 나에게는 아무것도 남지 않는다.

어떤 사람들은 그 감정을 마음에 꾹꾹 눌러 담는다. 평생 잊지 않겠다고 다짐한다. 불이익을 당했을 때 앙갚음을 해야 속이 시원하다. 되돌려주는 것이다. 그러나 그것은 더 큰 파도를 예고한 것에 불과하다. 이렇게 우리는 감정의 노예가 되고 만다.

사람들이 좋아하는 것을 선이라 하고 싫어하는 것을 악이라 한다. 삶은 선이고 죽음은 악인가? 이익은 선이고 손해는 악인가? 철학자들은 선이란 무엇인가에 대해 엄청나게 고심하고 그것을 찾기 위해서 안간힘을 썼다. 하지만 선이란 이것인가 싶으면 아니고, 여기 있나 싶으면 사라지는 신기루와 같은 것이었다.

정의란 무엇인가? 마이클 샌델은 『정의란 무엇인가』에서 정의(正義)를 행복, 자유, 미덕의 관점에서 볼 수 있다고 말했다. 행복, 자유, 미덕을 정의하기도 힘든데 그러한 관점에서 정의를 보아야 한다면 그것은 거의 불가능한 일일 것이다.

우리는 '정의', '선(善)', '진리' 같은 것을 쉽게 정의 내려주기를 원한다. 그렇게 해 주기만 한다면, 누구나 동의하는 정의', '선(善)', '진리'가 있다면, 그것을 따를 것만 같은 환상에 빠진다. 하지만 세상 어디에도 절대적인 선 같은 것은 존재하지 않는다는 점을 깨달았을 때 나는 절망하지 않을 수 없었다.

공자님은 이렇게 충고하셨다.

"마음이 사물의 흐름을 타고 자유롭게 노닐도록 하십시오. 부득이한 일은 그대로 맡겨두고, 중심을 기르는 데 전념하십시오. 이것이 최고입니다."[22]

---

22) 오강남 풀이, 『장자』, 서울: 현암사, 2003, p.195.

자유와 권력

　우리는 성공하기를 바란다. 성공이란 어떤 것을 이루는 것을 의미한다. 성공이라 이름 붙이는 데는 그 목표가 무엇인지 중요하지 않다. 자기가 세운 목표를 이루면 성공이라 말할 수 있을 것이다. 그러므로 성공하기 위해 첫 번째 필요한 것은 목표이다.
　성급한 사람은 목표를 분명히 세우지도 않고 성공하려고 한다. 목표가 없으면 성공할 수가 없다. 도달할 곳이 없는데 막연히 뛰고 있는 것이다. 그렇게 정신없이 뛰어다니다가 힘이 다 빠져서 쓰러지고 나면 그 자리가 자기가 가고자 했던 지점이라고 생각해 버린다.
　확실한 목표는 확실한 결과를 낼 수 있다. 성공이냐 실패냐만 달라질 뿐이다. 그러나 막연한 목표는 막연한 결과가 아닌 아무런 결과도 낼 수가 없다. 이미 목표가 불분명하니 그곳에 도달했는지 어떤지를 측정할 수가 없는 것이다. 돈을 벌겠다고 하면 얼마를 벌겠다는 정확한 금액을 설정해야 한다. 명예를 얻겠다면 어떤 권위 있는 기관으로부터 인정받는 명예 혹은 어떤 자리에 오름으로서 얻을 수 있는 명예 등으로 명확히 해야 한다. 실패했다면 그 과정을 정비하고 다시 도전할 수 있다. 그러므로 분명한 목표를 설정하는 것은 성공하고자 하는 사람에게 중요한 문제이다.

사람들은 돈, 명예, 권력 등에 그 삶의 목표를 둔다. 사실 돈과 명예를 추구하는 것도 권력을 쟁취하기 위한 방편에 지나지 않는다. 이러한 욕망들 중에서 가장 해악한은 타인을 자기 마음대로 움직이고자 하는 권력욕이다. 그것은 자기 자신만이 아니라 타인까지 함께 악의 구렁텅이로 물고 들어가는 물귀신이 된다.

사람들은 왜 타인을 자기 마음대로 조종하지 못해 안달이 나는 것일까? 인간은 자유를 추구하는 동물이다. 조금이라도 자신이 억압된다고 느끼면 그것에 반발하고 뛰쳐나가려고 한다. 아직 자의식이 뚜렷하지 않은 어린이는 부모의 말에 순종하다가 점차 자기가 자유로운 존재임을 깨닫게 될 때, 이것을 사춘기라고 부르는데, 그는 부모로부터 독립 투쟁을 벌이게 된다.

자본주의 사회에서 독립이란 경제적 독립을 의미한다. 야생의 동물로 치자면 사냥할 수 있는 능력을 갖추는 것이다. 생존을 위해서는 최소한 의식주를 해결할 수 있어야 한다. 이미 문명에 길들여진 인간은 야생의 생활을 할 수 없으므로 돈으로 그 모든 것을 해결해야 한다.

데이비드 소로는 그의 책 『월든』에서 문명의 이기로부터 탈출한 삶을 그리고 있다. 그러나 소로도 완벽하게 자연으로 돌아갈 수는 없었다. 가장 현실적으로 적은 비용으로 사는 삶을 실행에 옮긴 것뿐이다. 그럼에도 그의 실험은 편의에 찌든 인간 세계에 큰 반향을 일으켰다.

현실적으로 아직 어린 나이의 청소년들에게는 부모의 재력이 뒷받침 되지 않는다면 그는 거의 맨 몸뚱이로 야생에 던져진 것이나 다름없는 처지가 될 것이다. 이렇게 부모의 보호 아래 놓여 있는 것이 편하기도 하지만 또 한편으로는 불편하기도 하다. 아이들은 자신의 자유를 침해하지 않는 범위 내에서 보호받기를 희망하고, 부모는 자신의 명령에 복종하는 범위 안에서 자유롭게 행동하기를 바란다. 보호막 안에 거하면 안전하지만 자유롭지 못하고 아무런 제약이 없다면 자유롭지만 위태하다.

이렇게 자유란 나 하나에만 국한된 것이 아니다. 나는 주변 환경과 동떨어져 존재할 수 없고 그런 만큼 환경의 영향을 받게 된다. 내가 환경을 지배할 것이냐 아니면 환경에 지배당할 것이냐 하는 갈림길에 서게 되는 것이다.

사람들은 무엇이든 더 많이 가지려고 안간힘을 쓴다. 자유도 마찬가지다. 나만의 자유를 넘어 타인도 내 마음대로 할 수 있는 자유를 갈구한다. 그래서 작은 권력만 있어도 그것을 타인에게 행사하려고 한다. 동네 이장만 되어도 그것으로 자기가 얻고자 하는 것을 쟁취하는 도구로 사용하려 한다. 이런 작은 지위를 가지고도 어떻게든 힘을 쓰려고 하는데 하물며 지자체장이나 국회위원, 대통령이 된다면 얼마나 그 힘을 휘두르고 싶을 것인가?

그러므로 어떤 사람에게 권력을 쥐어주기 전에 그 사람이 진정 사람으로서의 자질이 있는지 먼저 시험해 보아야 한다. 망나니에게 쥐어진 칼은 사람의 목을 자르는데 사용되지만 요리사의 칼은 맛있는 음식을 만드는데 도움을 준다. 중요한 것은 칼이 아니라 그것을 사용하는 사람의 자질이다. 그런데 우리는 그 용도를 묻지 않고 그저 크고 좋은 칼을 얻는 것에 혈안이 되어 있다.

학교에서 공부 잘하는 학생은 전문직을 갖기 위해 대학에 진학한다. 판사, 검사, 의사는 대중이 선호하는 직업군이다. 그래서 부모와 교사는 학생들이 한눈팔지 않고 공부를 열심히 해서 그러한 학과에 진학하기를 희망한다. 딴 생각 하지 않고 공부에만 열중한 학생은 확실히 상위권 대학에 진학하여 자기가 원하는 직업을 얻게 된다. 하지만 막상 그러한 권력을 손에 쥐게 되면 어떻게 사용해야 할지 몰라 당황하기 쉽다. 그들은 그 사회의 문화에 따르며 빠르게 동화되어 그 관습에 충실하게 행동하기 마련이다. 무엇을 갖는 것에만 치중한 나머지 어떻게 사용할 것인가에 대해서는 고민하지 않은 결과이다.

누구에게 어떤 권력을 부여하기 전에 올바로 사용할 수 있는 방법을 가르쳐야 한다. 권력을 쥔 사람이 그것을 자신만을 위해서 행사할 때 대중이 받는 고통과 피해는 엄청나게 커질 수밖에 없다. 그러므로 큰 권력을 갖는 사람은 그에 걸맞는 인성을 갖추는 것이 필요하다.

따지고 보면 우리는 각자 처한 위치에서 크든 작든 권력을 갖게 된다. 자기가 가진 권력의 크기만큼 주위 사람들에게 영향력을 행사할 수 있다. 부모가 되면 자식에 대해서, 팀장이 되면 팀원에 대해서, 그 어떤 자리에 오르면 그에 합당한 권력이 주어지게 된다. 그렇다고 보면 인성 교육은 모든 사람에게 시행되어야만 하는 것이다.

자연스러운 삶

어제는 화창했는데 오늘 내일 비가 예보되었다. 하지만 그것은 예상이지 실제로 그러할지는 모른다. 어제가 설날이었다. 세배를 하고 음식을 먹는다. 사람들은 나들이를 다닌다. 특별한 날이라고 생각하지만 우리의 일상은 이렇게 아무렇지도 않게 지나간다. 무슨 일을 해야 하는지에 대해서 의심의 여지없이 착착 진행되어지고 있다. 내가 가야할 길은 내가 가장 잘 알고 있는 것이다. 그 길을 누구에게 물어도 그것은 단지 그의 생각일 뿐 정답은 아니다. 나는 이미 답을 알고 있다. 그럼에도 그에 대한 확신이 없기 때문에 주저하고 있는 것이다. 하지만 주저한다고 해서 그 길을 가지 않을 도리는 없다.

> 모든 움직임은 자연의 힘이 교직交織하는 대로 다 제때에 일어나는 것이다. 그러나 인간은 미망迷妄에 사로잡혀 그 자신이 행위자라고 생각한다. 그러나 자연의 힘과 행위의 관계를 아는 사람이면 자연의 어떤 힘이 다른 자연의 힘에 어떻게 작용하는가를 알게 되며, 그리하여 그것의 노예가

되지 않는 것이다.[23]

우리는 자연으로부터 독립하여 살 수가 없다. 자연이 우리를 이끄는 대로 살아가는 것이다. 그러나 우리는 스스로의 삶을 자기 마음대로 독립적으로 살아가고 있다고 생각한다. 그것이 미망(迷妄)이라는 것이다. 어리석음이다. 자기 삶이라고 해서 자기 마음대로 하려고 한다. 하지만 그 마음이라는 것도 독립적으로 존재하는 것이 아니라 자연 속에 영향을 받아 움직이는 것이다.

일어나야 할 일은 제때 일어나는 것이다. 넘치지도 않고 모자라지도 않은 딱 맞는 그 시간에 일어난다. 하지만 우리는 우리의 마음에 이끌려 그것이 부족하다고 느낀다. 그러나 부족한 것은 그 현상이 아니라 그것을 오롯이 받아들이지 못하는 나의 마음이다.

항상 있는 그대로를 보려고 노력한다. 하지만 어느 순간엔가 내 마음이 간섭하여 그것을 제대로 보지 못하게 만든다. 현상은 여기 그대로인데 내 마음은 벌써 저 멀리 달아나고 있다. 자라

---

23) 프리초프 카프라 지음, 김용정·이성범 옮김, 『현대물리학과 동양사상』, 고양:범양사, 2012, p.122.

보고 놀란 가슴 솥뚜껑 보고 놀란다.

미래는 아직 일어나지 않은 일이며 과거는 이미 지나온 일이다. 그것들의 연장선상에 현재가 있지만 또 한편으로는 그것들과 별개로 현재가 존재하는 것이다. 이것은 만화의 한 장면처럼 따로 떨어져 있다. 과거가 아무리 힘들었어도 현재가 즐거울 수 있다. 또 반대로 과거가 행복했더라도 현재를 혹독하게 느낄 수 있다.

우리가 살고 있는 21세기는 과거 우리가 상상했던 풍요로운 삶 그 이상인 것이다. 지금 80대인 노인들은 전쟁과 기근, 산업화의 격랑을 거쳐 군부독제와 민주주의를 모두 겪은 세대다. 이들만큼 다이나믹한 삶을 살아본 세대는 없을 것이다. 그들에게 현대가 어떤 느낌인지 듣고 싶다. 나는 그들이 지나온 삶 중에 어디가 가장 평화로운지 살펴본다. 현재가 아무리 힘들다고 하더라도 과거의 그 어느 시대만큼 암울하지는 않은 것이다. 하지만 현재만 경험한 우리는 지금이 최악의 경제상황이며 내일이라도 곧 종말이 올 것처럼 호들갑을 떤다. 그것은 우리 마음이 내는 불안의 소리에 불과하다. 아무리 어려운 일이 벌어진다고 한들 6 25 전쟁처럼 참혹한 것은 아니고 설혹 우리가 그런 혹독한 환경에 놓인다 하더라도 사람이 살아가지 못할만한 것은 아닌 것이다.

빅터 프랭클은 『죽음의 수용소에서』에서 당장이라도 죽을 것만 같은 환경에서도 사람들은 소소한 기쁨을 느끼며 웃고 떠들며 살아가고 있는 모습에 자못 놀랐다고 회상했다.

> 한번은 쌀쌀한 늦가을에 샤워를 하고 아직 물이 마르지 않은 상태에서 밖에 서 있었는데, 우리는 그 다음에 어떤 일이 벌어질지 궁금해 했다. 그런데 그로부터 며칠 후, 그 궁금증은 놀라움으로 바뀌었다. 우리 모두 감기에 걸리지 않았기 때문이다.[24]

우리의 마음은 항상 최악의 상황을 가정하고 떨고 있다. 그런 상황에서는 도저히 살아갈 수 없노라고 스스로 다짐이라도 하는 것만 같다. 하지만 막상 그 상황에 놓이고 나면 우리 몸은 또 의연히 대처하며 살아갈 수밖에 없는 것이다.

무엇이 중요한가? 내 삶인가 아니면 그것을 느끼는 마음인가. 혹은 그것을 바라보는 정신인가. 이것들을 서로 구분해서 나눌 수 있는가. 삶은 뭉뚱그려 내 앞에 나타난다. 나는 그것들을

---

24) 빅터 프랭클 지음, 이시형 옮김, 『죽음의 수용소에서』, 청아출판사, 2012. pp. 45~46.

곰곰이 살펴본다. 나는 오늘을 잘 살아내고 있다. 하지만 그것은 내가 하는 일이 아니다. 자연이 자연스럽게 나를 그렇게 이끌어 가고 있는 것이다. 우리는 인위적인 것을 싫어하고 자연스러운 것을 좋아한다. 그렇게 자연스러운 일이 내게 일어나고 있는 것이다.

나는 자연스러운 현상 속에서 어떤 느낌을 받고 있는가? 어떤 깨달음을 얻었는가? 책을 읽고 독후감을 쓰듯이 나는 삶을 살고 감상문을 써본다. 오늘이 풍요로워진다.

스스로에게 투자하자.

　순수한 생각을 잃지 말라. 내가 가고자 하는 그 방향에서 벗어나지 말라. 그것이 나의 정도가 될 것이다. 나를 막을 자는 그 어디에도 없다. 그럼에도 나는 스스로를 제약하고 그 속에 스스로 갇혀 있으면서 답답함을 느낀다. 어디로 가도 내 자유다. 나를 구속하는 것을 내가 타파하지 않는다면 나는 과연 무엇을 할 수 있단 말인가? 내 여행을 소중히 간직할 따름이다. 무엇을 해야겠다고 느끼면 그것을 해 버린다. 하지만 생각이 많으면 그것을 하지 못해 안달이 난다. 쉬어도 쉴 수가 없다. 그런 의무감으로는 아무것도 할 수가 없는 것이다.
　내가 돈을 모았다면 그것은 내 수중에 남아있지 않았을 것이다. 그러나 내가 다른 것을 쟁취하기 위해서 그것을 사용했기에 오히려 내게 남아있다. 돈이란 움켜쥔다고 해서 남아있는 것이 아니다. 그 돈은 그 순간의 욕망에 의해서 어디에서든 써지기 마련이다. 차를 샀다면 그것은 감가에 의해서 사라진다. 평생 남아있는 것이 아니다. 돈이라는 것은 그렇게 사용된다.
　사용되고 남은 것이 무엇인가? 물건을 샀다면 물건이 남을 것이다. 하지만 물건이란 사용될 때 가치가 있다. 그러니 오랜 시간이 지난 후에 그것은 사라지고 내게 편의를 제공했을 터이다. 이렇게 돈은 편리함만 남기고 사라진다. 내게 남은 것은 없다. 차를 소유한 경험이 있었겠지만 그것이 나를 어떻게 변화시키지는 못하였다.

반면 나에게 투자한 돈은 내 경험으로 남아있다. 내가 대학원을 다니느라 소비한 돈은 몇 천 만원에 이른다. 그 돈을 모아 뒀다면 지금 뭐라도 할 수 있지 않을까 하는 생각이 든다. 하지만 그 당시 그 돈을 학비에 쓰지 않았더라면 나는 또 어떤 것에 소비하지 않았으리라는 장담 할 수 없다. 뭐든 샀을 것이다. 저축은 당연히 무엇을 위한 대비책인 것이다. 그러니 돈이 어느 정도 모이면 그것으로 무엇을 하려고 시도했을 것이다. 가장 필요한 것을 했겠지만 그것이 내게 얼마나 도움이 되었을지는 알 길이 없다.

나는 아이들에게 돈을 주고 경험을 사라고 충고한다. 돈을 주면 무엇이든 살 수 있다. 사람들은 돈의 가치를 물건을 사는데 더 크게 둔다. 돈을 지불하고 물건이 남아야 그것의 교환이 확연히 보이기 때문이다. 하지만 돈을 주고 정신을 사는 것은 왠지 모르게 허상을 사는 것만 같은 기분이 든다. 하지만 이런 교환은 언제든지 일어난다.

종교를 보면 이런 교환이 빈번하게 일어나는 것을 목격할 수 있다. 교회나 절에 가면 헌금을 한다. 돈을 주는 것이다. 그리고 복을 빈다. 허상을 받는 것이다.

"네 보물이 있는 곳에 네 마음도 있다."[25]

돈으로 대변되는 보물을 바치면 그곳에 마음이 쓰이게 된다. 그것은 곧 믿음으로 자리 잡는다. 결국 복을 받는 것은 믿음, 즉 자기 신념으로 받는 것인데 그것을 더욱 강화하기 위해서 헌금을 하는 것이다. 내가 낸 돈 만큼 강하게 믿게 되고 자기 확신이 큰 만큼 그것을 쟁취할 가능성도 커진다. 복은 스스로 창출하는 것인데도 자신의 소중한 돈을 지불하고 있다.

헌금의 목적은 복을 비는 것 보다는 나눔의 의미가 더 크다.

"너희는 가진 것을 팔아 가난한 사람들을 도와주고 너희 자신을 위해 낡아지지 않는 주머니를 만들어라. 그것은 없

---

25) 생명의 말씀사, 『현대인의 성경』, 마태 6:21.

어지지 않는 보물을 하늘에 쌓아 두는 것이다."26)

"네게는 아직도 한 가지 부족한 것이 있다. 네가 가진 것을 다 팔아서, 가난한 사람들에게 나누어 주어라. 그리하면 네가 하늘에서 보화를 차지하게 될 것이다. 그리고 와서 나를 따라라."27)

교회에 다니는 제일 목적은 하늘나라에 들어가는 입장권을 얻기 위함일 것이다. 그러니 이런 나눔의 교리는 다른 어떤 것보다 앞선 것이 되어야 한다.

학교에 다니면서 학비를 지불한다. 학교에 다니면 정신적 성숙이 일어난다. 하지만 그것은 눈에 보이는 것이 아니기 때문에 이것을 가시화시키기 위해서 졸업장을 수여한다. 그거라도 없으면 아무것도 아닌 것 같은 기분이 든다. 물질문명이 우세한 현대에는 정신적 성숙 보다는 물질적 성과를 더 크게 생각한다. 그러니 사람들은 정신을 성숙시키기 위해서 대학을 다니는 것이 아니라 졸업장이라는 물질적 결과물을 쟁취하기 위해서 자신의 피

---

26) 생명의 말씀사, 『현대인의 성경』, 누가 12:33.
27) 대한성서공회, 『개혁한글 성경』, 누가 18:22.

같은 돈을 소비한다.

　과연 무엇이 더 중요한가? 아무리 서울대 아니라 서울대 x100의 졸업장을 가지고 있어도 그 사람이 그만 못하면 아무것도 아닌 것이다. 중요한 것은 자신의 능력이지 그것을 포장한 껍데기가 아니다.

　글이 화려한 것 보다 그 내용이 알차야 의미가 있다. 그러니 무엇을 먼저 갈고 닦을 것인지는 분명해진다. 정신이 먼저이고 그것에 입히는 옷은 그 다음이다. 맑고 순수한 정신이야말로 모두가 동경하는 황금알이 될 것이다. 나는 그런 황금알을 가지고 있는가? 만약 없다면 그것을 갖기 위해 안간힘을 써야 한다.

　돈이란 이런 곳에 써질 때 참 값어치를 하는 것이다. 얼마나 힘들게 번 돈인데 아무렇게나 써버린다면 너무 허망하지 않은가? 세상에는 나를 유혹하는 것이 너무나 많다. 현대인의 필수품인 차는 날이 갈수록 편리해진다. 나는 그것을 갖고 싶다. 항상 그것을 들여다본다. 내가 그것을 산다고 해서 경제적으로 크게 문제가 될 것 같지는 않다. 하지만 왠지 그렇게 하면 내 삶의 일부가 빠져나가는 듯한 기분이 들 것만 같다. 살 수 있지만 사지 않는다. 그것은 더 중요한 것에 의해 언제나 유보된다.

　항상 강조하는 것이지만 가장 좋은 투자처는 자기 자신이다. 나는 나를 배신하지 않는다. 나를 배신하는 순간 나는 사라지고 말 것이기 때문이다. 내가 없는 세상에 무엇이 중요하단 말인가? 나를 빼고서는 아무것도 필요치 않다.

"생명이 음식보다 더 중요하고 몸이 옷보다 더 중요하지 않느냐?"[28]

썩어 없어질 음식보다는 영원한 생명을, 입고 버릴 옷보다는 좀 더 지속 가능한 몸을 보전하는 것이 중요한 것이다. 하지만 우리는 보이는 것에 더 치중한 나머지 생명보다는 음식을, 몸 보다는 의복을 더 중요하게 여기고 있다.

순수함을 잃지 않으려고 노력해야 한다. 순수란 다른 것이 섞이지 않은 상태다. 하나인 것이다. 정신을 순수하게 유지한다는 것은 다른 욕심과 섞이지 않게 하는 것이다. 내 마음을 하늘나라에 고정하는 것이다. 그 외의 모든 것은 튕겨져 나가야 한다. 그것이 나를 영생에 이르게 하는 방법이다.

---

28) 생명의 말씀사, 『현대인의 성경』, 마태 6:25.

가난하라.

경전의 말은 어려울 것이 없다. 하지만 그것이 내 욕망과 충돌할 때 그것은 어려워진다. 성경에서는 낮아지라고 말한다. 그런데 나는 낮아지고 싶지 않다. 낮아지고 싶다고 하더라도 그것은 낮아지는 자가 높아진다고 하니 마지못해 낮아지는 척을 하는 것이지 실제로 낮아지는 것은 아니다. 마음속으로는 높아지고 싶다. 그런 대접을 받고 싶다. 그러니 진심으로 낮아질 수가 없는 것이다. 어느 정도 낮아지면 높아져야 하는데 그 끝을 알 수가 없다. 그러니 어느 한계점에 도달하게 되면 더 이상 참지 못하고 폭발하고 마는 것이다.

예수님은 부자 청년에게 이렇게 말한다. 너의 가진 모든 것을 팔아 가난한 자에게 나눠주고 너는 나를 따르라. 이것이 천국에 들어가는 길이다. 교회에 다니는 사람들의 최대 목표는 천국에 가는 것이다. 최소한 옛날에는 그러한 것처럼 보였다. 하지만 현대 자본주의에 물든 교회는 그런 목표 따위는 버린 것처럼 보인다.

목회자들은 강단에서 축복을 남발한다. 부자가 되라고 축복한다. 하는 일이 모두 잘 되어 돈을 많이 벌게 해 달라고 기도한다. 차고 넘치도록 해 주라고, 부족한 것이 없게 해 달라고 기원한다. 그러나 그 말이 무엇을 의미하는지는 미처 깨닫지 못하고 있는 것 같다. 부자가 되라고 하는 것은 천국에 들어가지 말라고 하는 저주와도 같다. 예수님은 분명히 말했다. 부자가 천국에 들어가는 것은 낙타가 바늘귀를 통과하는 것보다 어렵다. 성경학자들은 이 구절을 가지고 연구를 한다. 그러나 이 말이 그렇게 이해하기 힘든 것은 아니다. 부자가 되지 말라는 뜻이다. 초등학생도 다 알아들을 수 있다. 하지만 우리는 그것을 하고 싶지 않기 때문에, 가난해 지고 싶지 않기 때문에, 부자가 되고 싶기 때문에 이 말을 못 알아듣는 척을 한다.

아는 것은 쉽지만 행동하기는 어렵다. 말은 쉽지만 실천하기는 어렵다. 나도 또한 그러하다. 그러니 우리는 모두 죄인일 수밖에 없다. 한자로 죄(罪)는 목표에서 벗어난 것을 뜻한다. 죄 사함을 받고 싶지만, 즉 목표에 적중하고 싶지만, 한편으로는 그 사면을 피하고 싶다. 죄 사함을 받으면 바로 저런 길, 가난의 길, 낮은 자의 길을 가야만 하기 때문이다. 아직은 죄의 길에 있고 싶다. 좁은 길이 아니라 넓은 길로 가고 싶다. 이런 욕망은 나를 더욱 힘들게 만든다. 문제는 삶이 아니라 욕망이다. 남이 아니라 나 자신이다. 그럼에도 모든 원인을 타인으로 돌리고 나는 쏙 빠지고 만다. 자기 자신을 되돌아보아 스스로를 객관화 하는 것은 이렇게도 중요하다.

다시 성경을 읽는다. 그 말은 어렵지 않다. 다만 실천하기가 힘든 것뿐이다. 그러니 사람들은 그것에 대해서 해석을 단다. 자기식대로 해석하는 것이다. 그리고 자기가 할 수 없는 것에 대해서 항변을 늘어놓는다.

성경 자체는 너무나 명쾌하고 단순한 명령이다. 그럼에도 그것을 회피하려고 하는 마음 때문에 자꾸 못 알아듣는 척을 한다. 현대 젊은이들은 자기가 하기 싫은 일을 시키면 못 들은 척 한다는 말을 들었다. 이것은 그들만의 특징은 아닌 것이다. 하나님이 우리에게 명하신 그것은 자본주의 사회에서 실천하기 힘든 것들이다. 그러니 그것을 못 들은 척, 못 알아듣는 척을 한다. 그리고 저명한 학자에게 그 책임을 떠넘긴다. 같은 부류의 사람인 학자들은 성경의 문구를 교묘하게 비틀어서 더욱 알아듣지 못하게 만든다. 그러면 신자들은 그 말이 무슨 뜻인지 도무지 알 수 없다는 표정을 짓는다. 서로의 의사는 완벽하게 통하였다. 이렇게 우리는 우리의 필요에 따라서 그것을 해석하고, 그것을 인정하고 그리고 자기만의 길을 가게 된다.

예수님의 길은 쉽고 편한 대로가 아니다. 좁은 길이다. 그렇게 읽었지만 우리는 절대 좁은 길로 가지 않으려고 한다. 대로가 안전하다. 군자 대로행이다. 순진한 사람들만이 그 좁은 길을 따른다.

나 또한 그 길을 가기 싫기 때문에 현자들의 말에 귀를 기울인다. 하지만 거짓은 거짓을 낳기에 그 말을 이해하기 힘들어 진다. 나는 천성적으로 답답한 것을 싫어한다. 이 세상에 답답한 것을 좋아할 사람은 하나도 없을 것이다. 그것을 이해해 보려고 노력한다. 하지만 이해해 버리면 학자들은 할 일이 없어진다. 그러니 다시 어렵게 만들어야 하고 그것은 아랫돌을 빼서 윗돌을 괴는 식으로 발전한다.

우리의 일상은 모두가 이런 식이다. 뭔가 어려워 보여야 현명한 사람을 찾게 되는 것이다. 세상만사는 단순하다. 네가 대접받고 싶은 대로 대접하여라. 이것이 황금률이다. 이 말이 이해하기 힘든가? 너무나 쉽지만 행동하기 너무나 힘들다는 특징이 있다. 그러니 그 말이 무슨 뜻인지 해석해 달라고 요구한다. 그러나 그 말 그대로 이상의 해석은 불필요하다. 해석을 하면 할수록 더 어려워질 것이다. 1+1=2처럼 간단하다. 그런데 이것이 무엇인지 해석을 요구한다면 우리는 더 어려운 예를 들어서 설명해야 한다. 해석은 해석을 낳고 그 해석에 주석을 붙여서 책이 된다. 나도 글을 쓰는 사람이지만 그것은 다 헛소리다. 간단한 것을 복잡하게 풀어 쓴 것에 불과하다.

중요한 것은 실천인데 그것이 힘들다는 것뿐이다. 왜냐하면 성경은 자본주의를 전면적으로 부정하기 때문이다. 자본주의 사람들 특히 서구 사회는 기독교를 기반으로 하여 발전해 왔다. 그런데 어떻게 그들은 부자가 되었는가? 성경을 믿지 않기 때문인가? 성경을 믿으면 복을 받는다고 한다. 그 복이란 무엇인가? 그것은 자기가 원하는 것을 쟁취하는 것이고, 자본주의 사회에서 모두가 원하는 것은 부자가 되는 것이다.

나도 부자가 되고 싶다. 하고 싶은 것을 다 하며 살고 싶다. 현재도 내 수준에서의 욕구는 채우며 살고 있다. 그러나 사람은 항상 자기가 가진 것에서 더 많은 것을 추구하게 되어있다. 최신형은 최신형에 의해 대체된다. 좋은 것은 더 좋은 것에 자리를 내준다. 그러니 우리는 끝없는 소비의 굴레에서 벗어나지 못하는 것이다.

그러나 예수님은 분명히 말씀하신다. 부자는 천국에 절대로 들어갈 수 없다. 여기서 부자란 누구인가? 자기가 가진 것을 버릴 수 없는 사람들이다. 움켜쥐려고만 하는 사람이다. 예수님의 제자들 중에는 부자들도 간혹 있었다. 세리들이다. 부정하게 돈을 벌었다고 비난받는 사람들이다. 하지만 현대에는 그마저도 칭송받는 처지가 되었다. 수단이 어찌 되었든 돈만 많이 벌면 그만이다. 부자가 된다는 것은 아버지가 부자이지 않는 이상 그 과정에서 부정은 끼어들기 마련이다.

애초에 평등한 교환은 기대하기 힘들다. 정확한 평가는 일어날 수 없다. 내가 들인 공로와 상대방이 들인 공로가 다르기 때문이다. 그것을 정확히 수치로 평가할 사람이 필요하지만 하나님이 이 땅에 내려온다고 하더라도 공평하게 나누지는 못할 것이다. 그러니 누가 많이 갖게 되고 누가 적게 갖게 되는 것은 불가피한 일이다. 누군가 많이 가지면 누군가는 적게 가질 수밖에 없다. 또 태어나면서부터 위가 큰 사람이 있고 적은 사람이 있다. 위가 작은 사람에게 많이 먹이는 것도 고문이고 위가 큰 사람에게 적게 주는 것도 고문이다. 다 필요에 따라 가질 뿐이다. 하지만 그렇다고 해서 자기가 받는 것이 정당하다는 것은 아니다. 많이 먹은 사람은 그만큼 많은 일을 해야 한다. 많이 먹기만 하고 힘을 못 쓰면 효율이 떨어진다. 이것은 또 죄악인 것이다.

내가 하고자 하는 말이 어수선하기만 하다. 간단한 것을 설명하려 들었기에 이런 현상이 발생한다. 본래의 명령은 너무나 간단한 것이었다. 가난하라. 나는 아무리 가난해 지려고 해도 가난할 수가 없다. 그것은 내가 지향하는 바가 아니다. 머리로는 알아도 몸이 따르지 않는다. 그러고 보면 내가 내 몸의 주인은 아닌 듯싶다. 나를 채찍질해야 하지만 내 손은 그것을 타이르고 있다. 가지 말아야 할 길을 씩씩하게도 걸어간다.

살아있는 동안 쉴 수 있을까?

오늘은 쉬는 날이다. 하지만 아무리 쉬어도 피곤함은 사라지지 않는다. 아무것도 하지 않고 있으면 왠지 모를 불안감이 엄습한다. 뭐라도 해보려고 꼼지락 거리다가 글을 쓴다.

쉼은 멈춤이다. 아무것도 하지 않는 것이다. 그러나 우리들 중에서 깨어있는 동안에 아무것도 하지 않고 지낼 수 있는 사람은 없을 것이다. 최소한 숨이라도 쉬어야 한다. 시간이 지나면 배가 고프다. 먹을거리를 찾아 사냥을 한다. 먹으면서 입을 움직이고 손을 놀린다. 다 먹고 나서는 설거지를 해야 한다. 이렇게 조금 움직이는 것만으로도 더운 여름날에는 땀 범벅이 된다. 에너지가 방전되어 멍하니 천정을 바라보고 있노라면 내가 살아있다는 느낌이 별로 들지 않는다. 그것은 다만 생명이 연장되는 기분이다.

현대에는 일주일에 하루나 이틀은 쉬는 날로 지정한다. 일한 만큼 쉬는 날도 보장되어야 한다. 하지만 우리는 쉬는 날에 쉬지 못한다. 아무것도 하지 않고 지내야 하지만 아무것도 하지 않으면 시간을 제대로 보내지 못한 것만 같은 느낌이 든다. 그래서 쉬는 날이라면 그동안 하지 못했던 일을 하는 것으로 시간을 보낸다. 여행을 가거나 청소를 하기도 한다. 그러나 우리는 그것을 일이라고 생각하지 않는다. 하고 싶은 일을 하기 때문이다. 하기 싫은 일을 하다보면 그것을 하는 행위 자체 보다는 그것을 하기 싫다는 마음을 이겨내려고 더 많은 에너지를 사용한다. 그렇다 보니 일이라고 생각하는 것을 하고 난 뒤에는 피곤이 배가 된다.

어떤 것이든 깨어있는 동안에 하는 움직임은 쉼이 아니다. 삶을 일과 쉼으로 나눌 때 우리는 거의 대부분의 시간을 일을 하면서 보낸다. 몸을 사용하는 것은 언제나 에너지를 필요로 한다. 움직이고 나면 몸이 힘들다. 하지만 즐거운 일을 하고 나서는 힘들다고 느끼지 않는 것은 그것에 대한 나의 태도 때문이다. 쉬는 것과 일하는 것은 마음가짐의 차이다. 휴일에 하는 활동을 일이라고 느끼지 못하는 것은 그것을 대하는 마음가짐 때문이다.

우리에게 휴일이라는 개념이 도입된 것은 그리 오래되지 않았다. 길어야 100년도 안 될 것이다. 과거 우리 선조들의 삶은 일 중에 쉬고 쉬다가 일을 하는 것이 반복되었다. 일은 돈을 벌기 위한 수단이 아니라 삶 그 자체였다. 그렇게 우리는 삶과 일을 통일적으로 살아갈 수 있게 되었다.

일을 하면서 걷는 것은 운동이 되지 않는다. 일이라고 생각하기 때문이다. 똑같이 걷고 뛰는데 운동복을 입고 트랙을 뛰면 운동이 된다. 운동이라고 생각하기 때문이다. 나는 내 삶을 무엇이라고 생각하는가. 축복이라고 생각하면 복이고 저주라고 생각하면 벌이다. 뭐든 맘먹은 대로 된다고 주장하는 사람들이 있는데 그 말은 일면 타당하다. 그것은 마음이라고 하는 자신의 욕구가 실현되어서가 아니라 행동에 대한 마음가짐에 따라 그것은 달리 보이기 때문이다.

내가 하고자 하는 일을 하면 그것에 대한 만족도가 높아진다. 청소를 하려고 했는데 누군가 청소를 하라고 시키면 딱 그것이 하기 싫어진다. 스스로의 생각으로 살면 그것은 자유의지의 발동으로서 더 가치 있게 생각된다. 하지만 누군가의 강요에 의해서 그것을 하게 되면 그것은 다른 방향으로서 나아가게 되는 것이다.

중요한 것은 마음이다. 내가 어떤 마음을 가지느냐에 따라 달라진다. 내 마음이 하고자 한다면 그것은 하고 싶은 일이 되는 것이다. 실제 행위는 중요하지 않다. 마음을 어떻게 쓰느냐가 중요한 것이다. 동기부여 강사들은 사람들의 마음을 선동해서 무엇을 하고 싶도록 만든다. 자극은 행동을 만든다. 조건반사가 일어난다. 이것이 내게 좋다. 그렇다면 이 일은 해야만 한다. 이렇게 해서 누군가는 이런 일을 하도록 만드는 것이다.

반대로 생각해 보자. 누가 시켰든, 상황에 맞게 어쩔 수 없이 하든 내가 지금 하고 있는 일을 하고 싶은 일이라고 믿어보자. 되돌아보면 지금 내가 가지고 있는 것, 그리고 내가 하고 있는 일은 과거의 내가 하고 싶었던 일인 경우가 많다. 그럼에도 불구하고 현재 내가 소유하고 있으므로 그것을 하기 싫은 것으로 여기고 이것에서만 벗어나면 무엇이든 다 잘 될 것만 같은 착각에 빠지게 되는 것이다.

군대에 있을 때 거기서만 벗어나면 세상이 모두 내 것이 될 것만 같은 착각에 빠지는 것과 마찬가지다. 또 감옥에 있을 때는 그곳만 아니면 어디든 천국이 될 것만 같은 착각도 마찬가지다. 탈북 주민들의 삶을 본다. 그들은 그곳에서 벗어나기 위해 목숨을 건 탈출을 감행한다. 그렇게 어려운 관문을 뚫고 이곳 대한민국, 그들이 그토록 꿈에 그리던 그 자리에 왔다. 그런데 막상 이곳도 사람 사는 곳이고 그 전에 살던 삶과 별반 차이가 없다는 점을 발견하고 실망한다. 그토록 갖고 싶었던 것이지만 막상 갖고 나면 아무것도 아닌 것이 되어 버린다.

이렇듯 우리는 어떤 것에 대해 막연하게 생각하던 것을 실현시켰을 때 오는 어떤 절망감들을 느낄 수 있게 되는 것이다. 복권의 효능은 발표 직전까지 밀려오는 기대와 긴장감에 있다. 낙첨이 됐든 당첨이 됐든 성취된 미래는 아무런 의미가 없다. 아직 복권에 당첨된 적이 없어서 그 기분을 정확히 표현할 길은 없다. 하지만 뉴스에 나오는 거액 당첨자들의 삶이 무너지는 것을 목도하자면 그리 기뻐하기만 할 일은 아닐 것 같다.

내가 하고 있는 일로 다시 돌아온다. 오늘 하루가 너무나 힘들 것으로 예상이 된다. 내가 하고자 했던 일이 아니라 누군가의 강요에 의해서 하고 있다고 믿게 되는 것이다. 내가 살고 있는 이 자리는 감옥이나 군대보다는 훨씬 나은 환경이다. 이 환경에서 벗어나기를 희망하는 것은 더 나은 환경으로 나아가기를 바라기 때문이다. 어떤 점에서는 그것이 인간의 욕구만큼이나 큰 것이겠지만 그것은 현실적으로 일어나기 힘든 일이다.

군대나 감옥에 있으면 일정한 시간이 지나면 곧 나갈 수 있다는 희망을 갖게 된다. 하지만 지금 이 순간은 그 끝이 보이지 않기 때문에 절망적이다. 이런 절망에서 벗어나기 위해서 현자의 조언을 구한다. 누군가의 고뇌를 바탕으로 나아가기를 희망하게 되는 것이다.

나는 무엇이 되고 싶은 기분이다. 무엇을 할 수 있다는 느낌은 아닌 것이다. 누군가의 희망을 싹틔우기 위해서는 그 속에 내재된 가능성을 바라봐야 한다. 이 자리가 아니면 뭐든 괜찮다고 생각하기 쉽다. 하지만 현재를 대체한 그 자리는 곧바로 현재가 되기 때문에 그것은 더 하찮은 일이 되는 것이다.

지금 하고 있는 일이 나로서는 최선이다. 그 최선의 일을 하지 않고서 대안을 찾는다는 것은 어찌 보면 아주 어리석은 일인 것이다. 하지만 우리는 더 나은 미래, 즉 현재의 삶에서 벗어나기 위해 안간힘을 쓰라고 충고한다. 이런 식으로 나는 내 현재의 삶에서 소외된다.

텅 빈 마음으로 현재를 바라본다. 좋을 것도 싫을 것도 없다. 이 삶이 아니라면 나는 다른 삶을 살고 있을 터이다. 하지만 누구도 이 삶보다 저 삶이 더 좋을 것이라고 장담하지 못한다. 그래서 나는 이러지도 저러지도 못한다. 그렇게 선택 장애를 겪고 있을 때 누군가 대신 선택해 주었으면 하고 바란다. 하지만 그 선택을 받아들일지 어떨지에 대한 선택도 나에게 달려있다는 점에서 나는 절망하고 만다. 제자리에 서 있는 것도 또한 선택이다. 그 어떤 선택도 내 마음의 발현이라는 점에서 나는 그것을 존중하는 편을 선택한다. 모든 선택은 나로부터 시작된 것이다.

마음이 편하면 모든 것이 편하다.

생각은 욕망의 발현

창밖에 상수리나무가 있다. 다른 나무들은 잎이 무성해졌는데 유독 이 나무만 가지가 앙상하다. 나뭇잎 대신 까치가 주렁주렁 열렸다. 이렇게 글을 쓰다 다시 보니 까치는 날아가고 다른 새가 앉는다. 까치가 앉았던 자리를 물까치가 대신한 것이다. 털이 보라색인데 똥도 보라색이다. 가끔 내 차 위에 실례를 하고 간다.

그 새를 보다가 나무 꼭대기로 시선을 돌리니 까치 세 마리가 버티고 있다. 그들에게 무슨 생각이라는 것이 없을 것만 같다. 아무 생각이 없으므로 자연에 순응하며 살아갈 수 있는 것이다. 이렇게 자기 생각이라는 것을 잊고 사는 사람이야말로 행복할 수 있으라고 생각한다.

우리는 욕망이 실현될 때 행복감을 느낀다. 욕망의 수준이 낮으면 그것은 언제든지 이뤄지게 된다. 하지만 위대하다고 하는, 혹은 훌륭하다고 하는 사람들의 욕망은 저 높은 곳에 있기에 그것은 성취하기 힘들고 그 행복감을 느끼기 힘들어진다. 욕망의 크기만큼 생각도 많아진다. 그러므로 생각을 적게 하는 편이 행복한 삶을 위해서 좋은 것이다.

생각이 너무 많으므로 그것에서 다른 어떤 것을 이끌어 내기가 힘들어진다. 내 생각은 단지 나 자신에게 갇혀 있는 일이다. 나는 나 자신에게서 무엇인가를 끄집어내려고만 한다. 하지만 그 순수하고 아름다운 것이란 아무것도 없다. 그 속에는 온갖 더러움과 오물이 가득하다. 내 속에 있는 것은 깨끗한 것이 하나도 없다.

사과 한 알이 있다. 울긋불긋한 색감은 아름답게 느껴진다. 나는 그 유혹을 뿌리치지 못하고 내 입으로 집어넣는다. 입은 그것을 절삭하여 침과 잘 버무리며 죽을 만든다. 이제 밖에 있을 때의 그 아름다움이란 찾아보기 힘들다. 사과는 내 뱃속으로 들어가면서 점점 더 형체를 알아볼 수 없는 오물이 되고 만다.

다행인 것은 그것을 내 눈으로 볼 수 없다는 점이다. 만약 몸이 투명하여 그 과정을 다 지켜 볼 수 있다면 결국에는 똥을 보게 될 것이다. 똥구멍이 뒤에 달린 것은 그것을 보지 못하도록 하기 위함일 것이라는 생각을 한다.

이런 상상을 하다보면 조금은 허전한 생각이 든다. 내가 하고 있는 일이라는 것이 다 이런 것에 지나지 않는 것이다. 사람들은 음식을 보면 아주 예쁘다고 생각한다. 하지만 그것을 먹는 입은 추하고 그 음식은 더 없이 더러워지는 것이다. 더럽히는 것은 다름 아닌 내 입이다. 하지만 나는 이렇게 아름다움을 파괴하는 내 입을 저주할 수는 없다. 그로 인해 나는 생존할 수 있기 때문이다.

아름다움을 파괴하는 것은 인간의 손길이라는 점은 의심할 여지가 없는 것이다. 그럼에도 불구하고 인간들은 자기가 무슨 자연의 수호자라도 되는 냥 그렇게 으스대고 있다. 뭔가 쓰레기를 조금 만들기 위해서 노력을 기울이면 그는 자연을 되살리는 일이라도 하는 냥 그렇게 떠들어대는 것이다. 이런 가증스러운 모습은 더 이상 보고 싶지 않다.

지구는 멸망하지 않는다. 다만 인류가 멸망할 따름이다. 인간은 자기들이 사라질 것을 두려워한 나머지 이렇게 하면 지구가 멸망할 것이라고 호들갑을 떤다. 하지만 지구의 입장에서 보자면 이런 구호들은 짜증나는 말이 아닐 수 없다. 실컷 두들겨 패놓고 미안하다고 사과하는 것과 다를 바가 없다. 이런 짓을 하는 것이 우리 인간, 아니 바로 나 자신임을 구체적으로 깨달을 때 우리는 비로소 진정한 지구의 일원이 될 수 있는 것이다.

새들은 자기가 먹을 만큼만 먹고 또 자기가 먹은 만큼만 배출한다. 하지만 우리 인간이란 어떤 존재인가? 자기가 먹지 않을 것도 다 망가뜨리고, 또 자기가 먹은 것도 다 소화하지도 못하며, 자기가 먹은 것으로 자연에 되돌려주지도 못한다. 이런 어리석고도 무지한 자들이 어떻게 자연을 혹은 지구를 되살릴 수 있을 것인가. 차라리 때리고 미안하다고 하는 것은 애교에 속한다. 이런 짓은 하지 않도록 하는 편이 더 나은 것이다.

사람이 달라 보이는 것은 그 사람의 말이 다른 것에서 나타난다. 같은 말을 하더라도 잘 포장하면 그것은 왠지 위대해 보이는 것이다. 하지만 그 속에 들어가 보면 아무것도 없음을 발견하고 이내 실망하고 만다. 자꾸만 그것을 더 깊숙이 감추고 겉을 더 화려하게 장식하는 것은 그 속에 아무것도 없기 때문이다. 아무것도 없다면 무엇이 더 남겠는가? 없는 것으로 있는 것처럼 보이려면 자기기만은 필수다. 그것이 없이는 그렇게 뻔뻔하게 주장할 수는 없는 것이다.

누군가가 없는 것을 팔 수 있다면 그는 신기한 기술을 갖게 되는 것이다. 봉이 김선달이 대동강 물을 판 것은 보이는 것으로 유혹한 것이므로 식은 죽 먹기에 속한다. 하지만 보이지 않는 복을 미끼로 사람들에게 돈을 받는 것은 종교의 특기가 아닐까 싶다. 보이지 않는 것으로 보이는 것을 쟁취하는 것이다.

이렇게 쟁취된 것은 쉽사리 놓여지지 않는다. 그 속에서는 누군가의 힘이 작용한다. 여러 사람의 이익은 한 사람의 입을 통해 대변된다. 그 속에 자리 잡게 된다. 우리는 철저하게 이익 중심적인 일을 하고 있는 것이다. 더러운 것은 내 입이고, 손이고, 욕망일 뿐 그 대상이 아니다.

율법학자들과 바리새파 사람들이 간음하다가 잡힌 한 여자를 끌고 와서 가운데 세우고 '선생님, 이 여자는 간음하다가 현장에서 잡혔습니다. 모세의 법에는 이런 여자를 돌로 쳐죽이라고 했는데 선생님은 어떻게 생각하십니까?' 하고 물었다.
그들이 이런 질문을 한 것은 예수님을 시험하여 고발할 구실을 찾기 위해서였다. 그러나 예수님은 몸을 굽혀 손가락으로 땅바닥에 무엇인가 쓰고 계셨다.
그래도 그들이 계속해서 질문을 하자 예수님은 일어나 '너희 가운데 죄 없는 사람이 먼저 그 여자를 돌로 쳐라.' 하시고 다시 몸을 굽혀 땅바닥에 무엇인가 계속 쓰셨다.

예수님의 말씀을 듣고 그들은 양심의 가책을 받아 나이 많은 사람으로부터 시작하여 하나씩 둘씩 모두 가 버리고 예수님과 거기에 서 있는 여자만 남았다. 예수님께서 일어나 그 여자에게 '그들이 어디 있느냐? 너를 죄인 취급한 사람은 없느냐?' 하고 물으시자 그녀는 '주님, 없습니다.' 하고 대답하였다. 그때 예수님은 '그렇다면 나도 너를 죄인 취급하지 않는다. 가서 다시는 죄를 짓지 말아라.' 하고 말씀하셨다.[29]

---

29) 생명의 말씀사, 『현대인의 성경』, 요한 8:3~11.